大学への招待状

——講義「社会科学入門」での大学論

（『おそるおそるの大学論』増補改題新版）

山本栄一

目次

新版　まえがき

旧題名を「おそるおそる」としたこと、及び授業に取り組んでみて

三年前、『おそるおそるの大学論』を、「社会科学入門」の講義に際して、新入生へのメッセージとして書いた。今回、この題名を改め、Iの表題を〝なぜ「おそるおそる」なのか〟から〝おそるおそるの大学論〟に変えて、「おそるおそる」のことばを題名から抜いたのには、わけがある。

「おそるおそる」という題名を使ったのは、大学についてブックレットを書こうとして、項目を順次検討しているときに、ごく自然な思いつきからだった。

近年の大学論における中心的な流れは、学生の変化に戸惑う教師から、「若者」と呼んでもいい現代学生についてのさまざまな生態を描き、時に教師の嘆き、学生への叱責、「古き良き大学」への回帰などを伝えようとする試みにあった。

しかし、事態はさらに動いて、大学における一方の当事者である学生を中心に論じたのでは、大学を正当に論じたことにならないという一般的な判断が広まってきた。

もう一方の当事者である教師を抜きに現状を明らかに出来ないという、当然過ぎる声が強まったのである。

わたしが教師になった途端に大ショックに出会った。一九六九年の四月からもった二年生の「購読演習」のクラスのスタートは、大学が封鎖され一歩もキャンパスに入れないため、自分で適当な場所を設定し、はじめて顔を合わすゼミ生に、大学改革の基本方針を示した『学長代行提案』を説明することだった。困りはてて、自宅近所の公民館に集合してもらった。何とその時、三人のゼミ生が申し合わせて、「もし納得のいかない話なら、直ちにヘルメットを被って、この集会を粉砕する」と宣言し、威嚇したことである。七〇年前後の大学紛争時には別段珍しい光景ではなかった。

そんなことがあったせいか、恐らく今とは違った教師としての覚悟をもつことを迫られた。学生の言おうとすることには理不尽、性急なところがあるが、大学の古い体質にノーを言っていることだけは確かだった。彼らの言い分をその通り聞けないにしろ、自分は自分なりに大学の問題に向き合わざるを得なかった。

教師としてのこの緊張したスタートではあったが、大学紛争の峠を越えると、学生の「しらけ」時代、個人の殻に閉じこもるミーイズム（me-ism）が訪れた。この急激な変化から、教師への矛先が緩んだ等という学生に向かっての楽観的な姿勢にはなれなかった。教師集団の保守的姿勢、権力的体質、筒井康隆の『唯野教授』に描かれた教授の嫉妬さえ嗅ぎ取っていた。わたしがある種の緊張をもって三十歳代の教師として歩んだ精神状態である。

今回、大学論を書くときの一番底辺にあったのは、わたしのこの「こころ」のありようである。わたしの中には、学生についてあれこれという前に、遙かに教師側の姿勢に敏感に反応した。わたしは「おそるおそる」大学論を書こうとしたのは、学生諸君をおそれてのことではない。わたしなりにぎりぎりのところで学生と絶えず向かい合っていたつもりである。それが一人よがりであってもそう思っている。しかし、教師集団に向かっては、わたしは言うをはばかることを言ったとしても、書きとどめることはしていなかった。

大学論を書こうと決心し、もっぱら「経験的」に書こうとし、正確な歴史やデータを記すことに興味がなかったのは、この自分も含めた教師集団の「病理」とも言うべき過去から経験してきたことを、一気に吐き出そうと思ったからである。大学論を展開する中で、たとえば、いわゆる「大学教師秀才論」とも言うべきくだりなどは、かなり勇気がいった。それでも、そのことを抜きにしては、わたしの議論は上滑りになるし、自分の判断なり気持ちを聞いてもらうには不可欠な事柄と思った。

「おそるおそる」と書いたのは、内容は主に学生諸君を頭においてであっても、同僚の教師集団に対して率直な判断を書き記すのに必要な、「てらい」とも言うべきわたしの気持ちから出たことである。

今回、版を改めるに当たって、もうわたしの気持ちをぶちまけた上は、題名に「おそるおそる」話すという修飾語は不必要と思え、本来この本が目指した役割を明確にしようとして、題名を改めた。

『大学論』は、わたしが書いた自分の専門領域とは直接関係のない、はじめての出版だった。過去からお世話になり、わたしをよく知る多くの方々に贈呈させてもらった。意外なことだったが、小、中、高とわたしが必ずしも楽しまなかった学校の担任だった先生方から、望外の感想をいただいた。中には、はっきりと分かるかなり興奮気味の手紙をいただき、やはり書いて良かったと実感した。予想したことであったが、大学の同僚からは、一部具体的な反応はもらい、自分なりに受け止めたが、多くは無反応に近かった。これはこれで仕方がないことだと、最初から覚悟していたことである。

ただ、出版した年の春学期の終わりに、学長室が企画する「大学問題懇談会」の題材に、この本を取り上げたシンポジウムを開いていただいたことは、いまの大学にはふさわしい出版だったからだろうが、ありがたいことであった。

出版後、三年にわたって、経済学部一年の選択科目「社会科学入門A」の授業開始と共に、この本を読んでの感想を二千字位でリポートとして提出する課題を出した。

毎年、受講生は一年生が学部の半分以上、それ以上を加えると五から七百人に上り、授業には半数程度出ているという実状であった。単位を必要としている者は、全員このリポートを提出しており、今回、改訂版を出すに際して、これらのリポートの中から代表的なものを、本人の了解を得て掲載しようと思ったが、かなりの作業となることと膨大になるので、ひとまず断念した。

受講生の提出したリポートを一律に評すことは出来ない。多様であると共に、わたしに共鳴する人、反発する人、事務的に書いている人、さまざまである。教師としては心地よいものばかりではない。しかし、後の項目で触れるが、やはり教師を腐らすと言うより、混迷し模索している大学教育にとって、多くのことを教えられ、これまで感じていたことに意を強くしたり、軌道修正を迫られたりで、しんどいけれども書いて良かったと思わせてくれた。

新たにつけた「補遺」は、本編で触れたことのうち、リポート提出の内容からも再説するのがよいと思った二点と、この三年で急速に進んでいる大学改革での一つのテーマについての感想を述べた。本編は旧版のままである。

I　おそるおそるの大学論

これまでの大学論

大学をどのようにとらえるのか。世代によって大学観は違う。わたしが関西学院大学に入学した一九五八（昭和三三）年頃は、まだ大学進学率はようやく一〇%から二〇%に達しようとしていたに過ぎない。大阪市内の職人の家に五人兄弟として育ったわたしは、兄弟のうちで唯一の四年制大学進学者である。その当時、おもに語られていた大学観は、既にその十年弱前に歴史を終えていた旧制大学のイメージによるものだった。教える教師は若手の先生方を除いて、ほぼ旧制度時代の大学を経験し、教壇に立っていた人達だったからである。

旧制大学
帝国大学

旧制度の大学は、帝国大学を頂点にまさにエリート教育機関であり、良くも悪くも最高学府という自負と権威を内外に誇示していた。こうした教育機関としての大学観は、旧国鉄時代に主要な駅で弁当が売られていた土地土地に、沢山の大学ができたと

駅弁大学
リベラルアーツ

いうことで、新しくできた大学を「駅弁大学」と呼んだのであるが、新制度の大学となってからは、アメリカ流の伝統的なリベラルアーツに取って代わられ、大衆化大学論に移るべきであったはずである。

しかし、講壇から聞かされた大学観は、すでに述べたように旧制度のものであり、時には旧制度から新制度に移ったことの失敗を語り、理念はかつての大学にあるといった嘆き節でもあった。積極的な新制度の理念と意義を聞いた記憶は余りない。こんな大学論を聞くたびに、教師のふんぷんたるエリート意識を嗅ぎ取ると共に、なんともいえない違和感を感じたものだ。このような状況は、旧制大学を経験した先生がほぼ教壇から去ることになる八〇年代中頃まで続くことになる。

新制大学

一方で、新制大学を出た教員でほぼ占められるようになる八〇年代に入る頃には、教員が新しい大学観に変わる前に、学生が著しい変化を見せ始めてきた。一番大きな流れは、六〇年代末から七〇年代にかけて起こった大学紛争とその後の経過によって、学生としての気負いやエリート意識は、関学などではすでにそれ程感じられなくなっていたが、ほとんどなくなったということである。彼らは、問題を身近なところでとらえ、教員が大上段に、あるいは専門的知識を傾けて語り、学生は何とか受け入れていくという講義スタイルに、乗ってこなくなったということである。

一般教育

そのころから、わたしは、一般教育という教養教育と専門教育という旧制からの流

エリート大学論

大衆化大学論

「お受験」

れとを継ぎ合わせるという当時の大学観から、学部教育の本来のあり方はやはりリベラルアーツにあると考え始めた。その一番大きな理由は、大衆化大学を率直に受け入れるべきであるということからである。恐らく、先輩同僚教員の中には、このような考えに早くから到達し具体化していた人があるかも知れないが、何しろ、旧制大学のイメージによる支配はずいぶん長く続き、大学観の世代交代は時間を要したという大学の病理の結果だと思う。

ここで過去の大学論をあれこれ論評しようとしているのではない。エリート大学論から大衆化大学論へと頭が切り替わるのに、制度が変わって三十年以上もかかっていることを指摘したい。しかも、大衆化大学論が、これから「おそるおそる」話して見ようとする、わたしが理解するリベラルアーツであるという共通理解があるという自信はない。大衆化大学論はその中身がほとんど明らかにならないままに、実態が大衆化大学になり、まさに理念も理想も十分語られないまま、試行錯誤が続いている。

大学は興味の的

それでも、大学への世の関心は熱い。関西ではあまり聞かないが、首都圏では「お受験」が話の種になり、テレビドラマの格好のテーマである。幼稚園の入園から大学まで、望むエスカレータに乗れるものなら乗りたい。目的は世に出る直前の「大学」

偏差値

大学ランキング

がターゲットである。週刊誌や夕刊紙は各大学への個別高校入学者数を書き立てて、大学、高校のランク付けに貢献している。見るのをやめようと思っても、ふと見たくなる根性をわたしも持っている。

大学の偏差値は、今や高校教育の指針となっているように思われる。大学も偏差値の上下に一喜一憂し、振り回されている。かく言うわたしもそうだったが、偏差値等というものがなかったが、自分が入って今いる大学が、社会でどんな位置づけにあるのか、入学した頃は四六時中、頭から離れなかったものだ。今なら、さしずめ、偏差値の上下で、わたしの時代よりもっと正確なランキングがあると思い込まされているのではないだろうか。

「あなたはどちらの大学に行っておられますか」あるいは「どちらの大学を出られましたか」人が大学の何に興味があるかが分かる、第一問目である。決して「大学で何を勉強しておられますか」とか「何を勉強されましたか」が第一問にはならない。世は、今の学生は勉強しないと決め込んでいるからであろうか。しかしここでは、こう問いかけたい。「今の学生は勉強しない」といっているあなたは、学生時代本当に勉強しましたか。そうすると、こう答えが返って来るかも知れない。そんなに勉強しなかったが、少なくとももう少しまじめだったと。この点については、もう一度触れたい。いずれにしても、大学に関心を示す第一問は、昔も今も変わっていないはずで

大学令
旧制専門学校
官尊民卑

ある。

ここでは詳しく述べないが、国公立大学は私立大学の上にあると一般に考えられている。明治時代が始まった時には、東大はなかったが慶応大学は小さくてもすでにあった。後に東京帝国大学が日本で唯一の大学になり、私学は国立の後塵を拝することになる。何と私学がまともに帝国大学と肩を並べて大学になったのは、大正七（一九一八）年の大学令ができてからである。それまでは私学は大学と名乗っていても、大学ではなく専門学校に過ぎなかった。

官尊民卑の気風は、近代日本が作った止むを得なかったとはいえ、最大の害毒の一つである。それが大学にまで及んでおり、日本の高等教育の体制と気風を決定づけた。国立大学も東京大学を頂点とする旧帝国大学とその他の旧制大学、旧制国立大学と先に述べた「駅弁大学」と呼ばれた新制地方大学は、同じ国立といいながら、今でも予算やその他の諸制度に格差が歴然とあることが知られている。

大学のあり方、研究体制、教育方針に目がいくより、官尊民卑の上に、「官」にも格差を付けて、どの大学のランクが上かが分かるように、国が方針を立ててきて、大学の名前より学問を選べといっても、それは無理な話である。「あなたの大学はどこか」という興味は、こんな過去と無関係ではない。わたしも含めて、われわれは大学の名前で、その人の品定めを否応なくしてしまう。情けないが、この現実を無視して、大学を語ることはできない。

ついでに言えば、だからといって、人がこんな大学のランク付けの枠組みにがんじがらめになっていると言うつもりはない。こんな枠組みを度外視して、あるいは乗り越えて沢山の人が生きている。しかし、反面、この枠組みにからめ取られている人がいることも目を留めないと、現実は見えてこない。定年前になっても、ただ大学ランクだけがその人を支えている例も、まま見受けられる。まさに、大学は興味の的なのである。

なぜ大学が興味の的なのか

日本の近代化と大学

日本の大学は、日本の近代化を促進して、西洋に追いつき追い越せをスローガンに掲げてスタートを切った。帝国大学が先ず始まったのも、近代国家の中核となる官僚養成と、近代産業社会を支える科学、技術の専門家養成であった。法科、理工科、医科などが中核となり、国立大学は今もこの流れに大きく左右されている。大学の理念はそれなりにあるとしても、まさに教育における近代化総力戦の戦士養成が大学の使命であった。この大学のあり方は、今日の大学にも大きく陰を落している。

大学進学率

エリートづくりの大学といえる大学進学率の低い時代は、たとえば旧制高等学校のように、広い教養と語学力を少数精鋭で徹底して教育すれば、この実用中心の大学の

大学―会社

あり方も、さまざまな学生を生み出す揺りかごとなる可能性を含んでいた。しかし、現在の大衆化大学で、この実用性があからさまに表面化し、依然として明治以来の大学の使命が陰に陽に現実を動かしている。

「大学」の次に関心があるのが、「あなたはどこにお勤めですか」ということである。会社名であり、役所名である。世間は「大学」と「会社」に振り回されている。大学が興味の的なのは、大学がその機能としておもしろいからとか、特定の大学のあり方に共鳴して、その大学に深い関心を持っている場合は、極めて特異な例である。人間があふれる日本で生きていくのに、自分の周りの仲間が何をしているのかが気になる第一であってみれば、大学―会社という連関はヨコ感覚の重大な痛点である。

わたしという人間は、人間に取り巻かれていると共に、自然や世界という広がりのなかに生きている。自己の関心は、もちろん自分の周りの人間（世間）にあるが、その他のことにも関心をもっていいはずだが、長年の日本社会の仕組みは、自己をむしろ殺して、世間の大勢の中で生きることを良しとする風潮をつくってきたと言えるのではないか。いまさら言うまでもなく、大学の序列・ランク付けは、入学の偏差値によるが、その偏差値を決めるのは、卒業後の就職先、すなわち世間が考える優良企業や官庁に就職するものの数によってであろう。

その場合にあっても、旧帝国大学を頂点とするランクが人々の関心のまとである。

そうなれば、大学の内容がどうあろうとも、どこに入学しどこに就職するかといった、入学、就職は人生の最大のイベントである。このイベントに勝ち組となるか、負け組となるかで、人生行路が決まるとすれば、あるいは決まると考えるならば、大学は興味の的でなくて何であろう。

「おそるおそる」の大学論

「おそるおそる」ながら、大上段に大学論を展開しようとするのは、実はこの点においてである。大学の中身に関心があまりないままで、大学が興味の的というほど困った現象はない。十八歳から二十二歳という青年期の最も充実する時期に、内容より外形、大学名に関心を抱き、そのためにある者は精神をすり減らしストレスを溜め、時には親を含めて家族ぐるみで出口を失う囲いに入り込んでしまうことも間々ある。やはり問題は、大学は何のためにあるかというまさに原点に立って、大学の現状の中に立ちながらも、中身を問い、内容のある大学にいることを少しでも実感したいし、それを目指し大学が歩んでいるかという点である。

一人の人間が、世間の風潮に抗って何になるか。すでにこんな世間に歩調を合わそうとしない若者もかなりの数に上っている。そのような生き方を進めるガイド役となっている人も世間で増えている。それなら大学にいて世間の流れに沿っているとしても、この内実のない大学の評価や興味を乗り越えて、大学で中身のある、そして世間の風潮に抗するという生き方もあるはずだ。「おそるおそる」そのことを話して見ようというのが、ここでのねらいである。

大学は「腐っても鯛」

大学の教師の中でも思い違いをしている点がある。教師と学生は上下の人格関係であると。そのことは、高等学校、中学校、小学校へと低年齢になればなるほど強まっていくと。しかし、この一面は、教師と学生が上下の権力関係であることを見失わせている。この問題は、単に教師だけではなく職員と学生の関係においても同様である。両者が人格関係であるという自覚は希薄であっても、権力関係である点では教師と学生の関係と全く同じである。

この教師の思い違いは、大学がエリート養成から大衆化することによって決定的になった。エリート大学は、今ではその語感を失っている「象牙の塔」と考えられ、「師」「恩師」の響きに実感があった。今では教師の側でも、「師」や「恩師」であるということには、率直には受け入れられないものがある。学生にもそんな気風はない。もし教師が学生に自分を「師」とせよと言うなら、恐らく権力関係として強要していることになるだろう。

教師と学生には権力関係をはらんでいるということを、致命的悲観的に考える必要はない。教師と学生はこの関係も含めて、大学という社会を形成していることを自覚

教師と学生
人格関係
権力関係
職員と学生
「象牙の塔」
「師」

共同、協労、扶養、教育、同情、権力など

「小社会」

すれば済むことである。社会には共同、協労、扶養、教育、同情などが渦巻き、その中には権力も介在する。大学は、広い社会すなわち世間の中で教育と研究を目的に囲い込まれた「小社会」と考えられる。

「疑似社会」

その意味で、大学がこの世界の「疑似社会」として、四年間を生きる学生を充実させているかどうかが問われている。そうなれば、現状の大学がどうあれ、大学生が同年代の半数に達している限り、何らかの意味でその役割を果たしていることになる。しかしその見極めはかなり難しい。

アメリカの大学

しばしば、「アメリカの徹底した大学教育を日本にも」という声を聞く。わたしは、この点について、それ程大きくはないが、異論がある。これほど、有名大学を頂点にした苛烈な受験教育に駆り立てながら、なお大学でも追い立てる教育を受けさせるつもりかと。確かに、受験という経験は、競争社会の一つの競争として、人を鍛える側面は否定できない。しかし、過信してはならない。競争は教育ではリスクが大きい。と言うことは、一つ方向とやり方を間違うと、教育を受けるものに大きな「傷」を負わせる。この「傷」も教育の方法だと言えば、教育論に入るので、この点はこれで止める。

問題は、教育を受ける「小社会」としての設定は、日米で異なることである。アメリカでは高等学校から始まっている。彼らは、このときから親元を離れ自立した生活を始める。日本では、かなりの学生が親元を離れるのは、ようやく大学に入ってからである。自立の訓練である。わたしの貧しい経験ではあるが、アメリカの高等学校からの自立はそれ程成功していないと考えている。日本が良い、アメリカが良いと言う議論ではない。この仕組みはおいそれと崩れないし、それぞれに利点も欠点もある。そうであれば、「小社会」「疑似社会」を経験するのは、やはり日本では大学しかないということになる。

旧制中学

旧制高校

旧制時代の教育は、小社会を作る自立教育は早ければ旧制中学に始まり、旧制高校ではかなり広まり、大学では一般化していた。現代は、若者の成熟の遅れもあるのか、大学が唯一の場である。それなら、本格的に社会に出るまでに受ける「社会」教育はやはり大学であり、大学こそが唯一の仕組みである。大学は、さまざまな批判、さらには罵詈雑言を受けたとしても、やはり「腐っても鯛」なのである。

今や大学論は成り立つのか

「大学とは何か」

今日、本格的な大学論はあるのかと訊ねると、大学の病理や改革を論じるものはあっても、「大学とは何か」を大上段に論じているものは少ない。今から、二十五年前、関西学院が『大学とは何か』（一九七五年刊、全四六九頁）というかなり分厚い書物を、シンポジウム形式で作ったことがある。その中で、印象深いこととして今も思い出すことの一つに、わたしが述べた大学論が、出席者にあまり評判が良くなかったことである。大学における人格形成と言った点が問題になったところで、次のように述べている。

人格形成

「一般に人格形成という言葉の中には、市民社会の中に生まれて来る人間像がありますね。例えば個人の独立とか、社会的責任とかいうものの自覚を象徴的にいっていると思いますね。ではそれをどう教育するかというと、幼児の時から積み重ねてきて、大学でその仕上げをする、それが教養に結びつくというものでなかったらいけませんね」(二五六頁)。

当時としてもこの発言は、あまりにも当たり前すぎてアピール力に欠けていたのかとも思う。しかし、これまで述べてきた大学についてのわたしの意見は、この発言と何も変わっていない。それがなぜ同意されないのか。

教員集団の特性

「秀才」性

この点に関して、わたしはかねがね密かに一つの仮説を立ててきた。大学の教員集団は、少なくとも学校で何らかの意味で「勉強ができた」と言われたことがあるもの達の集まりである。それが学校の成績であれ、受験の成功であれ、日本では、学校での秀才が大学教員になる資格を得る。しかし「秀才」は、偏見があるかも知れないが、やはり「秀才」を好む。ただし、ここで言う「秀才」は、あとで述べるがカッコつきである。もっとわかりやすく言えば、優等生というべきかも知れない。カッコ付きにしろ、秀才集団の大学教員が大学を論じるとき、「勉強」をする学生を前提に、何かを組み立てるという構造ができあがる。先に、市民社会の人間像等というものは、少なくともそれ以前の学校教育段階において目指すもので、大学ではそれを前提にした「何か」を期待しようというのではないだろうか。

「秀才」の窮屈さ

カッコ付きの秀才の特徴は、教育でも何でも目指すべき目標を立てて、それに至る段階を考え、それを何とかクリヤーする上昇志向を、無意識のうちに持たされてしまう。「秀才」は、人の目に否が応でもさらされ、自分を自分と確認する作業をどうしても妨げられる。本格的な秀才はそうではないとだけは言えるが、それなら秀才とは何かは、正直なところ分からない。その意味で、わたしは、プラスイメージで秀才という言葉は使いたくない。それでも、「秀才」は「秀才」を好むことは確かである。

この弊に、わたしも免れていない。しかし、わたしの密かな経験を話してみたい。わたしは秀才になる心地よさを小学上級生の時、初めて味わった。それまで自分が「勉強ができる」と、どれだけ言われたかったか。暗い下級生時代であった。それが突然と言っていいくらい秀才に格上げされたのである。しかし、それもつかの間、秀才が背負わされる世の期待、拘束に気がついた。それでも子供である。従順に先生、親といった大人と折り合いをつけながら、やがて自分一人の世界を手に入れ、まさに二重生活を始めた。ここでわたしが試みたことは、大げさに言えば「秀才」への道からの独立宣言である。わたしには依然として、秀才はうらやましい存在であったが、下級生時代の単なるあこがれではなくなった。「秀才はしんどい」、「それでも秀才は心地よい」、「それでは自分が自分で心地よい道を探ったら」。こんな風に論理的であったとは思えないが、今からするとこんな心境に、中学時代にはなっていた。

わたしもやはりカッコつきの秀才と人から見られるかも知れない。しかし、ここで述べた経緯からも、自己を秀才と思えないし、そのように位置づけられることを拒んできた。もちろん、そのように位置づけられていないとすれば、なお結構である。それなら、自分は何か。それは市民社会、民主社会の一員であり、それに徹することである。大学を考える時も、この一点から発想したいと考えている。

大学論はあるようであまりないのはなぜか。それは、ひとえに、自分のよって立つところを明確にして論じない点である。大学教員が一番苦手とするところだからであろう。ここにも「おそるおそる」大学論を論じようとする契機がある。

大学の技術論と本質論

経験からの大学論

わたしはさまざまな大学論があっていいと思う。しかし、大上段であれ「おそるおそる」であれ、論じる場合には、技術論だけではなく、やはり本質的なことに切り込む必要がある。「学生は勉強をしない」「教師もろくな講義をしない」といったことをいくら言い合っても、大学を知ることはできないし、大学の行く手も見えてこない。今も、良く勉強をする学生はいるし、すばらしい講義もある。しかし、大事なことは、「勉強をする」とは何か、「すばらしい講義」とは何かを問うことが、何よりも大切だと思う。

リベラルアーツ

　すでにこの点については、結論めいたことを述べた。今日の大学の教育はリベラルアーツしかないと。以下その点について、考えを述べることになるが、わたしはその前提として自分の経験を根拠にして、述べてみたい。

体験と経験

ここで経験と言っていることは体験も含まれるが、体験そのものではない。わたしは、小学校の上級生時代から、心臓疾患を指摘され、今日まで二回の心臓手術を受けている。体験の領域は健康人より遙かに狭い。泳いだことはないし、走ったこともない。山も登らないし、このごろはやりの健康のために「歩く」こともままならない。しかし、わたしの頭には、体験しない世界についても、こうではないかというイメージの世界がある。

イメージの世界

　イメージの世界こそ、わたしの生きていくようすがである。イメージだけで生きられるか。もちろん衣食住はいるが、それをも含めてイメージが大切である。食べ物はおいしくない状況で食べれば、どんな高価なものでもおいしくない。生物的には生きられるが、「生きる」ことにならない。

　ここでわたしが言うイメージは、経験とほぼ同義的に使う。もう少し正確には、イメージは「追体験」と言ったらいいかも知れない。経験は、その意味で、実体のあるものなのである。さらにいうなら、イメージは、わたしの「あたま」であり「こころ」である。少し難しくなったので、わたしの経験といい、イメージという場合に、思い出すことを述べてみよう。

現在、わが家には雑多な本が山ほどある。恐らく古本屋に売ってもろくな値段が付かないだろう。ゼミ生がわが家を訪れたとき、時として問う質問は「この本はみな読んだんですか」である。わたしは冗談交じりに「本て、読むもんか?・」と問い返すと同時に、その質問を封じてしまう。「読まない本て何か」という疑問が必ずそれに続くはずであるからだ。本を多少でも読んだり持っていたりする人は、本の中身に興味があっても、こんな疑問は持たないというのが、わたしの確信である。本はまさにイメージの世界そのものだと言いたい。精読しなくても、背文字や端書きあとがきを読むだけでも、イメージは広がる。もちろん、著者と違った世界に入り込んでも、それはそれでわたしの経験になる。

わたしの体験したことは少ないし、慚愧の念に駆られることばかりが、記憶に残っている。その意味で、体験したことで参考になるのは、失敗したことの方が多い。良かったと思うことがなければ、教師をやっていけないが、多くの場合、小さいことの寄せ集めという気がするし、自分が果たした役割はいつも部分的であることに満足しなければ、教師をやっていけないと思いこんでいるふしがある。その意味で、ここでは誰かが論じたとか、統計ではどうだと言ったことを抜きにした、わたしの経験に基づく大学論をおそるおそる始めさせていただく。

Ⅱ　大学は役に立つのか——大学効用論

専門学校は役に立つのか

今日、大学は役に立たないとか頼りにならないと言う声が、さまざまなところで聞かれる。大学に対する批判の最も具体的な内容ではないか。その中心にあるのが、大学生が中学や高校のようには勉強をしないし、大学はそのために力を尽くしていないという点のように思える。

その逆に、今もそんな話を聞くことがあるが、国家公務員試験の成績、特にその得点序列は、公務員になる人には、就職から将来の地位まで左右する重大事であると。こうなれば、国家公務員を目指す人は必死に「勉強」する。それは司法試験や会計士試験に挑戦する人にも、同様にいえる。彼らは、大学で必要な学習を最低限に止め、専ら公務員や資格試験の対策に力を集中する。そのために、「別勉」の手段として専門学校を利用する傾向が強まっている。いわゆる大学生のダブルスクール現象であ

国家公務員試験
司法試験
公認会計士試験
「別勉」

ダブルスクール

自学自習

専門学校

「大学」卒業資格

る。わたしが学生時代のダブルスクールは、ほぼ英会話学校に通うことにつきていた。それ以外の、いま求められていると思われている「別勉」は、大学教育の中である程度なされており、必要な部分はグループなり、個人的に、先輩や仲間のリーダーを中心に自学自習したものである。

今日、いま述べた難関である試験を突破するためだけではなく、比較的容易な地方公務員やその他資格試験のための専門学校、いわゆるダブルスクールは花盛りである。まさに、市場経済の論理として、需要があり採算が立つ限り供給がなされ、あの手この手の宣伝によって、潜在的な需要が掘り起こされて、専門学校に在籍しなければ、こうした試験に合格不可能であると思わされるまでになっている。

大学もこうした事態を放置しておけないとの危機意識もあって、このような試験対策の科目や講座を設けるところが多くなっている。そうした専門学校と同様の教育を売り物にしている大学もできている。

それなら大学を辞めて専門学校に個々の学生が転学するなり、大学も専門学校に改組転換してはと思えるが、現実にはそうはなっていない。その理由を尋ねたとき、試験の受験資格に、大学卒業なりそれに準じるものを求めているため、「大学」卒業資格は当面不可欠であるためと言うことがぎりぎりの存在理由なのかも知れない。

大学問題は、こうした存在理由に集約される限り、やはり大学は役に立たないと言われても返す言葉がない。大学教育の内実いかんにかかわらず、卒業資格、すなわち卒業証書が最も大切だと思わされている点に、大学最大の危機があると言わざるをえないからである。大学教育の中身に何ら期待していなくて、ただ証書が必要だと言い切る学生も確かにいる。

学校は単一の目標か?

しかし、問題はここから始まる。大学は「勉強」する場ではあるが、専門学校の後塵を拝して、手をこまねいていても良いのか。「勉強」は受験といった単一目的を達成するときの集中している行為を指すのか。これでは、中学校は高等学校の入試を目指し、高等学校は大学の入試を目指している、唯一の目標を掲げている貧困な教育を大学が継承しているだけではないか。さらに、資格試験を目指さない多くの学生は、それだから「勉強」しないのか。どうも「勉強」すると言うことが、十分理解されていないし、「勉強」は何か一つの目標を持たないとできない体質を、学校教育は植え付けてきたのではないか。そして、「勉強」をすることは、問いに対して唯一の答えを出す近道を知ることとは考えていないか。そのためには、多くの知識をため込む「記憶」が最も大切と思っていないか。

「勉強」と「記憶」

これら一連の疑問は、大学のあり方を考えるとき必ず突き当たる問題である。ここには、大学が専門学校と対比されたとき、積極的にその役割が打ち出せていない大学人の負け戦の様相が読みとれる。

予備校の教師

予備校は生き生きしているって本当?

予備校は、いま述べた単一目標しか持たない特別な教育機関である。しかし、この予備校の教師から、教育を受ける面白さを知ったと言う学生に間々出会う。それは大学の授業の「つまらなさ」を揶揄する意味も込めてであろうが、今日の大学の問題が端的に現されている。

現在予備校の教師をしているゼミ生だった卒業生がいる。学生時代から、予備校の教師としては優秀だったらしく、時間給は最高にランクされていたようだし、現在も人気教師のようである。彼は就職三年目ぐらいで、大学入試の「現代語」の受験テキストをつくっており、それなりの評判になっているようである。いずれも伝聞の形でしか述べられないのは、実際に彼の授業をみたことがないからであるが、納得できる節がある。

彼はいわゆる優等生ではないが、人の心を巧みに捉えるし、事柄を伝えようとするアピール力には長けていた。そのためには、よく勉強もしていたし、必要と自分が思えることには、効率よく学ぶ力を持っていた。比較的人の話も良く聞くことができた。彼が予備校で優秀な教師だと聞けば、十分うなずけることだ。秀才タイプでもないし、人によっては山気のある浮ついた男と捉えるかも知れない。しかし、人を引きつけて話を聞かせる才能は確かなものだ。

翻って、あえて大学とは言わなくても、高等学校でも、彼のようなタイプはあまり見受けられない。まして、秀才タイプの軍団である大学教師には、よほど自覚的でない限りこうしたタイプはまず生み出されない。何しろ大学教師に関しては、教育と研究を両立させ、時には教育を犠牲にしてでも研究に打ち込み、成果を上げる人が尊ばれる傾向があるぐらいである。

「教育と研究」か「研究と教育」か

こんな話は今や笑い話に類するかも知れないが、わたしが大学教師になった頃、しかも学生の反乱でもある大学紛争後であったにもかかわらず、大学の働きについて、「教育と研究」なのか「研究と教育」なのか、どちらが先かという順序を真剣に問題にしていた。確かに関西学院が私学として、学問的地位を高めることにいかにこころを用いていたかは、当時の状況から理解できる。しかし、ここには教育への情熱が第一であると言うことに、ある後ろめたさがあったことは否めないし、今日もこうした傾向を引きずっている。

予備校教師の評価

予備校にはこんな迷いは全くと言ってない。まさしく目的は一つ、それに向かって教師がどれだけ己の力量を傾けるか、いつにこれにかかっている。教師は、己の個性を武器として、伝えることをどこまでうまく伝えるか。聞き手の予備校生の評価がすぐに返ってくるし、第三者が見ればかなりの客観性をもって、評価が可能である。そ

教師の「情熱」

こには、その教師が秀才であるか、専門研究に業績を上げているかなどは直接には関係していない。ある意味で、教師の全人格と全能力が発揮され、試される場である。

大学の教師にこれと同様の教育を求められても困ることは事実である。なぜ困るかは後に述べるとして、予備校の教育に、時に予備校生が感激するのは分かるような気がする。気がするというのは、わたしは浪人をしていないし、本格的な予備校の授業を受けていないし、わずかな経験からは、これと言った教師に出会っていないからである。恐らく予備校の生命線は、教師が唯一の目標を目指して「情熱」を傾けられると言う点であり、これが欠けている予備校は市場の競争力を失うのではないか。

教育における「情熱」は、何も予備校の専売特許でないはずである。大学に、あるいは高等学校以下の学校教育に、これが欠けているとしたら致命的である。これは大学の教師軍団に突きつけられている痛烈な批判である。職業的教師としての大学教員が、講壇で情熱が傾けられているのか、燃焼した講義ができているのか、わたし自身を含めて胸に手を当てて自省するべきだろう。

やはり、その一つの鍵は大学教師の「秀才」性に行き当たると言わざるをえない。「分かろうとしない者には、分からせる道がない」という諦観と、学問の専門的研究の開示を講義と考え、今ある一線の研究にできるだけ近い形で伝えようとして、聞き手の必要なレベルをくみ取ることに欠けているといったことが上げられる。その意味で、「情熱の欠如」と言うより「情熱の空回り」と言った方が適切なのかも知れないが。

大学教育への期待度

企業も大学に期待していないというが

すでに前節で、「大学の序列・ランク付けは、入学の偏差値によるが、その偏差値をきめるのは、卒業後の就職先、すなわち世間が考える優良企業や官庁に就職するものの数によってであろう」と書いた。大学は、高校から企業を中心とした社会への入口の最終門としての位置づけである。これには、それ程の異論はないだろう。

ところが受け入れ先の企業社会の全般的な風潮として、「大学の教育にはあまり期待していない」という声から始まって、多くの大学教育への不満が渦巻き、トドのつまりには「大学はあまり教育をしないで、生地のままの学生を企業に送り込んでほしい。そうすれば企業は卒業生を自社に合う教育をする」という、たいした自負の声を聞くこともあった。このことを過去形で書いたのは、バブル後の企業の自信喪失から、学生採用についてもかつての声高な大学批判を聞かなくなったからである。

日本型経営

わたしは今でも忘れない光景を思い出す。確か六一年春、次の年の卒業を目指して指導教授の自宅に訪ねる機会があった。何人かのゼミ生とその道すがら、日本的経営は革新されるべきか否かについて話していた。就職を前に企業社会の今後を占うというところである。ほとんどは日本の企業経営のあり方は古いし、早晩崩れるという論が中心であった。その中で唯一わたしは、日本的経営の合理性を言い立て、必ずしも遅れていないことを力説した。たぶん内容は稚拙であったと思うが、わたしにはそう確信させる背景があった。

日本型経営の合理性

ここでは多くは語れないが、大阪に生まれ大阪に育ち、小さいときから落語や漫才の芸能や歌舞伎・文楽に心をひかれ、本気でそんなことで飯を喰おうかとも思っていた自分には、とりわけ大阪の持っていた風土が「合理性」を帯びていることについては、この時すでに確信の域に達していた。年功序列や終身雇用が、あらゆる時代に普遍的有効性があるかどうかはともかく、日本的伝統は脱ぎ捨てるべき「古いもの」という当時はもちろん、今もその傾向が強いが、こうした風潮にいささか抵抗したい思いがあった。

七三年のオイルショック

わたしに日本的経営の合理性に一抹の疑問を感じさせ始めたのは、七五年三月に初めてのゼミ生が就職した時である。七三年の第一次オイルショック後の異常な物価高に見舞われ、公務員のベースアップの人事院勧告が三〇パーセントにも達し、就職戦線にも混乱が生じたが、それでも高度成長の最後の就職状況であることが後に分かるが、売り手市場であった。わたし自身、ゼミ生の就職という事態が初めてのことでもあり、全容を把握しない中で印象的だったことは、銀行がそれまでの謹言実直秀才タイプのイメージと違って、体育会系のガッツのある学生を求めているというものであった。ようやく競争社会の到来に応える人材の必要が言われているのだなと思ったものである。

七六年三月の就職難

翌年の七六年三月は、オイルショック後の経済引き締め政策と高度経済成長による水膨れ人事の頓挫のため、第二次大戦直後を除いても、戦後最悪の就職状況に陥った。

二〇〇〇年三月の就職難

近年の新聞報道によると、二〇〇〇年三月は最悪と言うが、自分のゼミ生を見る限り、今の就職難は本当に「難」と言えるのかと思うほどの、その時の惨状は目を覆うほどであった。

企業社会のタテマエとホンネ

こんなことを書いてきたのには、わけがある。企業社会の大学を見る目について考えるとき、企業社会のタテマエとホンネの食い違い、あるいは企業社会の身勝手をという程知らされてきたということを言いたいためである。企業が大学を批判することは、全般的にはもっともと思う。「おそるおそる」大学について書こうとしているのも、このような批判は当たっていると思うからである。しかし長期不況で日本的経営の建て直しを迫られている今、企業社会は高度成長期から今日まで、大学に対して批判をする反面、どんなメッセージを送ってきたのか。わたしは、ゼミ生を社会に送り始めて急激な変化をすぐに経験し、企業社会に半ば疑いの目を持って、ささやかながら独自の視点をもってゼミ生にメッセージを贈ってきた。

就職についてのゼミ生へのメッセージ

小さいことではあるが、リクルートルックと言われる服や髪のスタイルついて、「そんな画一的なことが企業によって求められるのか」と言う問いかけの形で表わすのが常である。また、「卒業式に出社せよ」という求めに、なぜ「卒業式に出たいので出社できません」と言えないのか。はたまた、企業面接とゼミが重なった場合、企業にそのことを伝えゼミに出られないのか。

企業の「踏み絵」

こうした質問の根底には、企業は大学の教育に期待しないからと言って、授業期間中に、学生の弱みをつく形、はっきり言えば企業に対する忠誠を試す「踏み絵」のように、授業を捨てて企業の入社試験に対応させることの疑問に突き当たる。ここに明らかに、企業のタテマエとホンネを嗅ぎ取ってしまう。

「忠誠心」と「協調性」

企業は実際には、必要な人材を自由にリクルートする裁量を持ち合わせていなかったというのが真相ではないか。企業に対する「忠誠心」、組織に対する「協調性」といったものを尊ぶのは、組織原理からすれば、組織の上位にいるものが扱いやすいと言うだけではないか。まさに就職は、上司が掌握しやすい部下を捜す通過儀礼ではないのか。現在、活力を失った企業の病根そのものである。先に銀行のことを述べたが、それから四半世紀、銀行のタテマエは建てたが、実質において大きな変化がなかったのではないか。

企業は正直なところ、大学に期待しないといいながら、そこに人材を求め、密かに満足してきたのではないか。中途採用によって新卒より良い人材を確保できるという声を、これから後はともかく、今のところほとんど聞いていない。いろいろのことが言われているようであるが、依然として「忠誠心」「協調性」が優先されているように思われてならない。「組織のために死をも厭わない」人材は日本的経営の一面でしかない。ここではこれ以上述べられないが、日本的経営が「自己責任を明確にし、個のユニークさを出す」人材の活用と矛盾しないと、わたしは思っている。

企業が大学教育を批判することは正しいと思う。しかし過去を尋ねる限り、大学が極めて個性の強いユニークな知的な学生を輩出すれば、それで批判に応えたのだろうかという疑問は残る。少し無責任な言い方になるが、大量の人材が必要とされる事態を前にして、企業と大学が最も安上がりの安易な方策を共有してきたのではないかという感がしないでもない。

「役に立つ」とはどういうことか

「役に立つ」ということほど説得力があり、魅力ある言葉も少ないが、これほど危険な言葉もない。大学は、今や「役に立たない」と言われれば、返す言葉がない。ちょうど恋愛中の男女が、「君には興味がない」「あなたとはもう無関係」というようなものである。しかし、よく考えてみるに、この言葉を発しているとき、どこまで解って

バイトの効用
クラブ活動の意味
就職の面接
学生の「本分」の評価
ジェネレーション・ギャップ
人生のパラダイス期間
「大学レジャーランド論」

「役に立たない」と言っているかとなると、途端に怪しくなる。

　すぐ後で取り上げるが、学生もバイトの効用や、クラブ活動の自分にとっての意味は見いだしている。しかし、就職の面接には、この二つとも必ずしも切り札にならないということには気付いている。さすがに企業も、バイトやクラブ活動を無差別に評価してはいない。企業は、学生の「本分」を持ち出して、学生を攻める。多くの学生は、大学における勉学には後ろめたさを持っているため、妙に納得して尻尾を巻くというのが、お定まりのようである。企業にとっても、大学は何となく役立たないと言いながら、実のところ大学における勉学が、学生をはかる物差しになっているという奇妙な構図が見られる。

　第一節で触れたことだが、現学生の親の世代が大学は「役に立たない」という背景には、どうも自分の世代はもう少し真面目に物事に取り組んでいたという、一種のジェネレーション・ギャップによると思われる。「むかし」の学生が多数、勉学に励んでいたとは、その世代の人も自負はできないだろう。その意味で、今も昔も、大学は人生におけるつかの間の「パラダイス」ではなかったのかと思わされている。

　それでも、やはり役立たずと見るのは、二〇年ぐらい前から、「大学レジャーランド論」が言われ、大学教員の中から嘆きの声が聞かれたことである。しかし、これは大衆化大学を受け入れるのが困難な旧世代最後のあがきの声と理解してみれば、今日、依然として「大学レジャーランド論」を唱えて、いかにも責任は学生にあるという姿勢はほとんど見られない状況が把握できる。何とか「役に立つ」大学を創りたいというのが、大学側の悲願となりつつあるからである。

目標と成果

学生が大学は「役に立たない」という場合、一つは専門学校が「役に立つ」ように役に立たないといっている場合と、バイトやクラブ活動が自分にとって、実感として「役立つ」ように、役立たないと言っている場合があるように思える。専門学校については、すでに述べたように単独の目的を持つ有効性を言っている。大学についてはこれから述べるように、あれこれと上げられるように、それが「勉学」という目的であっても、一つの目的をもっているわけではない。目的が見えにくければ、成果も実感できない。実のところ、大学が「役に立たない」というとき、このような目的と成果が見えにくい結果とすれば、大学を構成する教師も学生も、大変不幸な状態に置かれていることになる。

有名企業への就職

いや、大学は有名企業にこれこれの学生が就職したから「有効だ」というなら、確かに成果を捉えていることになるが、それならば目的は「就職させる」ことになるのだろうか。まさか大学人が社会に向かって、大学の存在意義を「就職させることだ」と言い切る勇気ある人はほとんどいないだろう。

バイトやクラブ活動については、項を改めて述べるが、大学が、就職すれば即戦力

大学の「実用性」

大学教育の中身

となる人材の養成というように、一つの目標に対応したかたちで「役に立つ」かどうか判断しようとする誘惑は、実は大学の機能や可能性を狭めるものであることを述べておきたい。今日の大学改革や新設大学の理念として、「実用性」が強調される場合が多い。さらに、大学教育の「実用性」の欠如を大学の批判の中心に据えられることも多い。大衆化大学の時代に、「象牙の塔」に閉じこもろうとする教員にはいい薬かも知れないが、問題は大学教育の目指すところと中身が問題であって、その一つに「実用性」があるとしても、それは大学の理念には成り得ない。

この問題となるところを考えるのが、これから後半の課題なのである。

バイトが役にたつのは

バイトの魅力

バイトの付加的魅力

バイトが学生にとって魅力があるのは、一つに金銭を手に入れて、自由に使えると言う点にあることは言うまでもない。しかし、現代において金銭に不自由で、学生生活を続けるのにバイトが不可欠という苦学生は、苦学生の定義にもよるかも知れないが、それ程多いわけではない。その意味で、必要がなければむしろバイトを止めて、学生生活を満喫するというタイプの学生は少ないのではないか。オカネを稼いで、実は人生勉強できるという付加的な魅力に惹かれている場合が多いようにうかがえる。

私たちが経験したかつてのバイトは家庭教師が定番で、その他は職種が少なかった。

大学生活の時間配分

今や学生アルバイトは、産業社会における不可欠な労働の一部となっている。それだけ学生は、キャンパスライフの時間を労働に当てていることになる。この時間配分がすでに、学生が大学を様々に経験することから遠ざからせ、今日の大学教育にフルに参加しない外的要因を作り上げている。

バイトの「働き甲斐」

バイトの世界は、企業社会の規律と人間関係を持っている。この中のルールや人間関係を取り結ぶ様々な方式は、バイトという労働を通して訓練を受け、習得していく。この習得過程や達成度は、本人はもちろん周りの者にも明らかに自覚できることである。バイトの魅力は、このような尺度が明確な社会に生きることの実感を体験できることである。時にバイトの学生の有能さは、正社員を超えることも考えられる。そうすれば、当の学生は雇い主に頼りにされ、それなりに信頼関係と責任がかかってきて、まさに「働き甲斐」を感じるのである。このリアリティは大学では得られないものだろう。

バイト料の経済効果

しかし間違ってはいけない。あなたは学生だし、そんな責任を負うほどのバイト料はもらっていないはずである。企業社会は甘くはない。学生に社会勉強をやらせるためにバイトに雇ったわけではないはずだ。結構上質の労働を、極めて安い価格で買っているのではないか。もちろん、数の内、企業がペイしないバイト学生もいるかも知れないが、平均して安い労働を購入する市場がバイト市場と言うことになるのではないか。

学生にバイトに関するメッセージを贈る時には、安い価格で自分の労働を売るなといっている。それを裏返せば、安い価格で労働を売るより、だまされたと思って、クラブ活動も含めてキャンパスライフにどっぷり浸りなさい。それも嫌なら、一日中寝ていたらどうだろうと。そして、バイトは、節度を持つこと。オカネが絡んでいることは、いつかオカネの魅力に惹かれて、バイトだけの生活に必ずなる。それに、オカネのために働くという生活は、もうすぐ否でも応でも就職後にやってくる。大学の価値に目覚めよ！　と。

オカネの魅力とバイトだけの生活

クラブ活動は模擬社会

クラブ活動については、かつてこんなことを書いたことがある。

「こんな話を聞きます。会社の採用担当者は、大学生活の中でどんな付加価値をつけたかがわかる学生を探している、そして組織の中でどんな力を発揮することができるかということで人物を見ていると。やはり、そうです。何も就職にさいしてだけに言えることではありませんが、大学は最終的に人間をつくるところです。

大学生活の付加価値

しんどいクラブ活動をしている人が、時に就職に有利だと言われるのは、その人がクラブ活動であらゆることを学ぶからです。組織の中でとけこんで、時にリーダー

組織の中のリーダーシップ

シップをとって活動する。人前でそして仲間と一緒に話す。会計処理や文書をつくって皆を説得する。困っている仲間の話をじっくりと聞いて助け、また助けてもらう。友情が自然にわく。時に恋愛もおこる。そこには、大学生が出ていく社会あるいは会社の縮図があります。知的能力や過去の経験や理解力や説得力が総動員されます。クラブ活動はあらゆることを経験する場となります」。

これは、経済学部の学生と教員の知的交流と情報の発信という願いを込めて、一九九六年三月に第一号を発刊した『エコノフォーラム』誌の巻頭言の出だしに書いたものである。これを書きながら、わたしは自分の学生時代のことを思い浮かべていた。

わたしの経験

わたしは、今から四〇年ほど前の、まだ経済的にもそれ程豊かでない時代に、大阪学生歌舞伎・文楽同好会というインターカレッジのクラブに入っていた。それもほとんどが大学生の中で、高校二年生の時に入って、「寺子屋」という有名な歌舞伎の出し物の観劇記を機関誌に書いていたので、大学生になると否応なく世話役をやらされ、やがてドップリと浸る生活になっていた。何しろ日頃は別々の大学で過ごし活動するのだから、役員になると週に二、三回はたまり場に集まらなければならない。

当時、関西の歌舞伎界は一気に斜陽時代に入っていて、歌舞伎関係者は学生に関心を持ってほしいということもあって、この同好会は松竹や千土地という歌舞伎興行に関係した人が肩入れして、作ったものでもあった。学生のクラブとはいえ、大人とのつき合いが一方にあり、他方、歌舞伎を格安で見られると言う学生を集め会員にし、とりまとめることから始まって、学生らしい勉強会や劇評会、さらには人気役者の芸談会、機関誌の発行等々、それこそ専任の事務員を置きたい状況であった。それでも若さの勢いで、ワイワイと片づけていた。

しかし、歌舞伎界の状況は年々悪くなる一方で、興行関係者の好意も途絶えがちになり、スポンサー探し、要するに大人でオカネを出してくれる人を探しオカネをもらうという嫌な仕事も増えてきた。クラブ活動をして、何が嫌で情けなかったかと言えば、相手も出すことに気の進まないオカネをもらうために、クラブのためとは言え、何回も足を運び頭を下げることであった。当時「乞食根性が身に付くわ！」と仲間に言っていたように思う。

しかし、これら全てはわたしを造ってくれた、今はそう思っている。「若いときの苦労は買ってでもせよ」と当時も今もしばしばいわれるが、まさにそうだと思う。いま学生に接していて、クラブ活動の運営に苦労している姿を見ると、思わず「頑張れ！」と言う声援を送れるのも、わたしのささやかな経験の確かさからである。

経験の果実

先の『エコノフォーラム』誌の文章には、それに続いてわたしは次のように書いた。

「大学で付加価値をつけるといえば、何か資格をとるとか、英語力をつけるといった技術的側面に目を奪われ勝ちです。それも大切です。しかし、大学のカリキュラムの中に、クラブ活動に類する付加価値をつける場が設けられています。それがゼミナールです」。

ここでわたしは大学が、自分にそれまであった価値に「付加価値」をつけるという経済学的な言い方でその存在の根拠を示している。その付加価値を付ける場所はクラブ活動もあるが、大学の教育そのもの、その中核に「ゼミナール」を置いて、学生に大学の存在価値を自分に確認するよう呼びかけたつもりである。

ゼミナールの位置づけ

授業とゼミナール

先の文章はさらに続けて、「大学の授業は多くは講義スタイルで、聞くことからなっています。聞いて理解する、ノートをとる、講義する先生の話の内容に疑問をもったり納得したりする、そして最後に試験で文章をつづって提出する。この過程は大学ならではの実力養成の場です。これを踏まえてゼミナールに積極的に参加することが、人物づくりのステップになります」と書いている。

講義「社会科学入門」

この文章を書いたときには、いつかはこの点をもう少し具体的にていねいに書く必要を感じており、そしてそのことは、それより数年前から講義を始めていた新入生向けの「社会科学入門」において、最初の何回かの講義で話していたことでもある。それがこの論の後半のダイジェストでもある。

「生きる」とは

大学教育の究極の目的

大学は人間あるいは人物をつくるところという言い方で、すでにやや結論めいたことに触れている。しかし誤解を恐れずにいうと、「人間」「人物」をつくるというのは、全人的、人格的というよりも、もう少し生活的、社会的なレベルの話しである。確かに、全人的、人格的なことは、教育の究極の目的ではあろうが、それは人間がこの世に生を受けて、人生万般を通じて追い求めるべきもので、学校教育においても、小、中、高、大のそれぞれのレベルでそれぞれの方法を用いて、そのことを追い求めるべきだろう。関西学院のようにキリスト教主義学校では、このことの意義は一層重要であろう。

これに続く議論は別の機会に譲って、ここで述べようとしていることに戻る。

大学の具体的目的

人は完全に一人で生きている部分もあるが、いつも一人で生きているのではない。社会の中で、共同で共に生きている。それぞれに社会の一人として社会に働きかけ、社会全体から益を受ける。そのためには、言葉を有効に使う能力を身に付け、自分で体を動かし管理し、計算能力を備え、社会が何たるかを理解し、自然への関心と理解を深め、科学とその応用の技術を習得する等、社会に一人前として参加するまでに、身に付けるべきことは多い。

倫理・道徳

もちろん、社会のルールや規律といった倫理・道徳も不可欠だが、これも以上で述

「生きる」ための基礎づくり

「身に付ける」

「学ぶ」

受験勉強

職業教育

記憶・暗記

現代社会の大学の意味づけ

べた身に付けるべきものの習得の過程で、それぞれのレベルにふさわしい形で考えさせ、伝えるべきであろう。

こう述べれば、これは人が社会に「生きる」ための基礎づくりというほかない。人間が社会に参画し、その中で自己を充実させ、さらに社会に貢献するには、そのために必要なものを「身に付ける」ことが必要である。このかなりの部分を学校教育が分担し、大学はその最後の機関といえる。その上にある大学院は、一言でいえば、大学教育を前提として、何か特化したもの、さらには専門的なものを学びとるための機関と位置づけられるのではないか。

ここで「身に付ける」といっていることは、「学ぶ」という言葉に置き換えてもいいだろう。しかし、あえて「勉強」といわなかったのにはわけがある。高等学校までの教育が、余りにも固定的、あえて言えば、受験勉強、職業教育といった単一目標を持っているかのようなイメージに傾き、とりわけ記憶、暗記が強要される部分が多く、それを「勉強」といい、「勉強」と思いこんでいることから免れたいからである。

人は「生きる」ために、絶えず生きるのに必要なものを身に付けようとしているし、そうした願望に意識的にも、無意識的にも突き動かされている。社会に出ようとしている若者に対して、このことに助力し支援する機関として、大学は社会的存在意義をもっているはずである。この原点に立った大学教育がリベラルアーツであり、市民社会を目指す現代社会における大学の意味づけでもある。

Ⅲ　社会へ入る道筋にある大学

社会科と経済

高等学校から大学へ――この壁の厚さ

経済学部で教えていて、いつも思わされることがある。人はなぜオカネを大切と思うのか。そのオカネは自己の望みを果たしてくれるが、同時に人生を狂わせる元凶でもある。経済そのものがしかり。経済を市場と置き換えても同様である。人を生かすと同時に狂わせるものである。それなら市場とは何か。金利とは何か。金利と利率はどう違うのか。こうした問いを大学生に発しても、満足に答えられる者は多くない。

こんなことは高等学校までに教えられるのだろうか。今掲げた問題や問いについては、答えは必ずしも一つではない。どうも、高等学校までの教育は、問いを与えれば答えは一つといった教育しかしないのではないだろうか。義務教育や高等学校で学校教育をおえる人は、こんな疑問を投げかけられ答えるという機会は、ついぞないのではないか。などなど大学以前の教育に疑問符がいっぱいである。

地理・歴史

公民・政治経済の比重

経済に関しては、ついに高等学校の社会科の授業は地理・歴史中心に組み替えられ、いわゆる公民とか政治経済という科目は受験でもはずされる傾向にあり、生徒の受講の熱心さも教師の教育への意気込みも、大いに殺がれる状況のようである。

金銭教育

その上に、日本には子供の時代から金銭についての家庭教育を十分にしない傾向が強い。それは親が大学卒業までほぼ完全に扶養する風習にも現れている。

わたしは大阪の職人の家に育ったこともあり、親が何円何銭という銭の単位の工賃交渉をしている姿や、その上がり下がりをため息混じりに話している情景を、子供の時から見聞きしていた。親は子供に金銭のことを積極的に話さない点では、日本の一般的な親と同様であったが、家内零細企業を経営し、日々金銭に悩まされている姿は、興味のあるなしにかかわらず、金銭の何たるかを知らず知らずのうちに身に付けていったように思う。

手形も銀行も金利も、大学に入る頃には、それが何であるかは知っていた。またそうでなければ歌舞伎や文楽を見てもわからないし、面白さは半減する。何しろ、歌舞伎や文楽の世界は、江戸時代とは言え商品経済や貨幣経済が発達していて、そこで生きる町人や職人、百姓、武士がドラマを繰り広げるのであるから。

教育の手法

高等学校までの教育は、本当のところ、大学教育の手法も含めて、様々に展開されていてよいはずである。しかし、一部の意識的な取り組みを除けば、昔ながらの黒板

画一的・管理教育

テスト中心

丸暗記得点獲得

に向かって教師が背を向け、生徒と対面するという講義形式一色のようである。少なくとも、第二次大戦直後に入学したわたしなど経験した班毎に生徒が対面して、教師とは必ずしも対面しないという教室づくりはほとんどないと聞いている。それはいつにかかって文部省の画一的指導要領による管理型教育と受験中心の学校のあり方が、テスト中心の教育の中で、教師の答えを丸憶え丸暗記を最も効率的な得点獲得法であることを、どうも生徒をして悟らせ習熟させて行く結果となっているのではないのか。

憶えたものは忘れる。しかもその知識を活用しなければ、忘れる時間は短くなる。わたしは常々言っていることがある。試験勉強の一夜漬けでもかなりの高得点をとれるが、極端なことを言えば試験が終われば皆忘れても不思議ではないと。わたしも高等学校では小学校、中学校時代と違い、すでに並の成績で目立たず、くすんでいたが、歴史が好きで日本史、世界史特に中国史は大学受験の「過去問」を徹底してやったおかげでというべきか、実力試験でも全校一位という成績を誇った。しかし、その後中国史から興味が急速になくなると、アッという間に忘れてしまった。

大学教育への戸惑い

ことほど左様。大学にいる多くの学生諸君も同様の経験を共有されているはずである。高等学校までの教育が、教育方法の一部に偏っているため、大学は教育の手法を多様化しても、当面その受け入れには学生側に多くの戸惑いがあり、不慣れがあり、挙げ句の果ては大学で最も安易な道を模索する姿勢を助長することになっているのではないか。

厚い壁

高等学校と大学は連続しているにもかかわらず、特に大学受験を間に挟んで、厚い壁ができあがり、両者の教育論議はいつも不毛のままのようである。

何でもありが大学──入ればこっちのものか

大学受験

大学受験まではトンネルでも、受験が終わればこっちのものとばかり、大学はレジャーランドになる。これが社会一般がいま大学に向けている大学批判であり、学生批判であろう。すでに述べたように、学生生活ではバイトやクラブ活動が花盛りである。

管理教育からの解放

高校時代に校内では管理教育による制約に縛られ、校外の生活習慣においてもかなり細かい規制を課している場合が多い。自己責任の原理が試される領域は極めて限られている。

学生の「なんでもあり」

これらが一気に解放され、「何でもあり」になる。しかし、大学生に対しては、社会は高校時代と同じように、規制と管理を求めている場合もある。

ある時、学部の事務室にとある個人スーパーから電話があり、バイトに雇っている学部生が店の品物を盗んだという通報があった。学部はどう対処するべきか。結局は、学生が自己の判断でバイトをし行った行為については、そちらでしかるべき措置をしてもらうということで、学部生の不始末に対して、学部が公的にお詫びに行くといった態度をとらなかった。

大学のルール

「自己責任」

高校生は少年法の対象であり、大学生は大人であるという法的な区分も考えられるが、大学生活は高校とは違って、学業に関するルールやキャンパスライフのわずかなルールを除いて、際だった自由な時間や空間になっている。クラブや学外学習を除いて、学外で起こる学生の行動も同様に、原則的には大学は責任を負わない。まさに大学は「自己責任」が試される、学ぶ場、学ぶ期間になっている。

「個」の自覚

恐らく欧米と日本の違いを言えば、欧米はこの自己責任が低年齢から徐々に訓練されるのに対して、日本ではほぼ大学生で一挙に開かれるといえるのではないか。そうした仕組みを作っているのが、学校制度だと言える。自己責任の重要性、さらに言えば「個」の自覚を、子供の成長に応じて目覚めさせると言う視点を持っている家庭は、現行における大学までの学校制度の問題が、その管理の縛りのきつさにあることを感じるはずである。

管理と責任

逆に高校までの学校のあり方が生ぬるい、さらに管理を強めよと思っている家庭にとっては、大学は「だらしない」「無責任」と映っているのではないだろうか。しばしば卒業間際になって、卒業単位の不足によって卒業不可能になった場合、「わずかの単位不足で卒業させないとは、何事か。就職も決まっているのに、一生を棒に振らせるつもりか。入学させたからには、ちゃんと卒業させるよう面倒みる責任があるのではないか」と、時に大学はなじられる。親としての気持ちは分かるとしても、大学教師の踏ん張りどころである。「大学はそうでなくてもレジャーランドのように言われ批判されています。単位のハードルは低く、最低のルールです。これ以上ハードルを下げることは、教師として納得できない」。それ以上は言わないとしても、「大学は本来、ルールある社会で生きていく学校時代最後の訓練の場です」というのが、一番いいたいことである。

大学教育への縛り

こういう意味で、もっときつい縛りを与えて「単位取得」に励むような仕組みを作るべきだという主張は当然出てくる。これに関連して、日本の大学をアメリカのようにせよという主張については、問題があることはすでに述べた。

大学教育の「何でもあり」

講義スタイル

もう一つ考えておかなければならないことは、「何でもあり」は大学教育の側にもあるという点である。旧制大学では、そしてそこで学んだ教員が大学で教えていた時代は、八〇年代まで続いていたのだが、学の蘊奥《うんのう》を傾けて教員が黒板を背に講義をするというのが典型的なスタイルで、それにゼミナール授業が加わった程度であった。しかし、今日では、囲碁や将棋も場合によっては科目になるし、実習、合宿、海外研修、外国大学の科目等は極めて一般化している。

さまざまな授業形態

外国語を読解する能力に力点を置いた文法中心の語学教育から、話す書くという実用性に力点を置くというなら、ある期間当該の国で生活し、訓練するのが最も効率的

キャンパスライフ

であることは論を待たない。日本の大学は今日、競ってそうした機能を備えようとしている。すでに触れたように専門学校の目的とするところを加味するということも行われている。キャンパスには学生にとって必要な図書館、学生会館といった従来の施設だけではなく、キャンパスライフを快適に過ごせるスポーツ施設や、温泉すらあることを聞く。まさに「何でもあり」である。

それにもかかわらず、「何でもあり」の学生と大学が、なぜうまく対応しないのか。

何が大学をかくも狭くて堅いものにしているのか

大学の方向性

大学はそれなりに、旧制大学時代の教員の引退と共に、急速に変化してきたし、今も学生と大学の対応のギャップを埋めるべく、それなりに努力してきた。しかし、その方向がなかなか見つかっていないというのが現状ではないか。

教員の自己変革

大学における学生への視点

一つの方向は、教員に自己変革を求める訴えと実践がなされている。これが、実際のところ一番の要点であると思う。しかし、「方向性」ということになれば、もう一つ大事なことは、大学全体は、いま学生をどのような対象として捉えようとしているのかという視点である。

学生はお客様

大学サービス供給会社論

やや自虐的に、しかし半ばホンネで「学生さんはお客様である」という、大学サービス供給会社論とでも言える考えがある。これを赤裸々に言うにはいささか抵抗があ

大学生き残り時代

大学の自己改革

文部省の規制緩和

大学教育厳格化への期待

るが、重要な真理契機を含んでいる。サービスは出し手（大学）と受け手（学生）の双方が満足しなければ長続きしないし、市場の売買からすればサービスは生み出されないで市場から消える。これは、大学の命運は大学だけが握っているのではなく、学生も同時に握っていることを意味している。

いまさら言うまでもないことだが、学生数の絶対数が減少する時代に、依然として希望の大学は狭き門としても、相対的には学生の大学の選択肢は広がっている。やがて大学サービスの買い手市場が到来しようとしている。まさに大学生き残り競争時代である。各大学が自己改革に躍起になっているのは当然である。しかし、その方向は定まっているとは言えない。何よりの証拠に、文部省が依然として主導権を握っており、その規制緩和と旗振りのもとで、私学は法人理事会の経営感覚、さらに言えば将来の経営不安の焦り、国立大学は行革や文部省がらみで大学改革が誘導されている。その反面、教員集団の動きは鈍い上に、その方向は定まっていない。

教員の中には、教育を厳しくすることが何よりも大切と思い、ルールの厳格化と講義内容の引き上げを考える向きがある。ある意味で旧制大学の理念の再興とも言うべきものだろうし、教員の教育熱心の現れと見ることもできるかも知れない。しかし、これまでのわたしの姿勢からしても、このような方向が「大学をかくも狭く堅い」ものにしている元凶だし、大学教員が一般に持つ「秀才性」の問題点であると考えていることは、おわかりいただけると思う。

高校、大学間の連続性

考えるべき中心点は、高校と大学の間に時間的連続性はあるが、そこには厚い壁がふさがっているという問題である。今日も大学の入学に大いに期待している学生はかなりいるだろう。もちろん様々の情報から、「大学で遊んでやる」と本気で入ってきて、「入ってしまえばこっちのもの」と思っているものもいることは確かだが、それが極く限られていることも確かだ。

入学生の期待と挫折

ところが実際は、入学した年にかなりの学生が期待はずれを経験する。クラブやバイトに主力を移し、中には何にも主力がないままに、無為に過ごす場合もある。この責任が学生側にあると言い切れれば、問題は単純化される。しかしそうは言えないのではないかというのが問題のスタートである。

高校、大学間の「壁」

教員の「壁」

この原因は、高校と大学の壁の厚さにあり、教員の側における「壁」が何であるかの確認が不明確なままの教育姿勢にあると、先ず言えよう。この「壁」を読みとる一つの手がかりは、依然として教員側の教育姿勢に問題がありながらも、入学生が入学後の勉学への姿勢をどのようにとるかを知ることによって得ることができる。

入学生の勉学姿勢

指定校推薦入学生

大学入学の入り口の一つとして、高校時代の普段の学業状況を示す内申書の成績とその他の高校生活の内容によって、指定された高校から推薦され入学する制度がある。そうした学生は、総体として学業意欲が高く、従って大学の成績も良いという傾向がある。このことは一発の入学試験に入学のチャンスをつかもうとするよりも、高校生活全体に普段から力を発揮している方が、大学生活においても同じ姿勢を維持することを意味していると言えよう。

高校での成績優良者

学生側に大学の教育を受けようとする姿勢があれば、問題がある大学教育でも、成果は上がるということである。しかし、これはある意味で当然のことであろう。彼らは高校でも成績優良者であり、問題がある高校教育にも順応してきた「秀才」タイプといえるからである。彼らを大学生の平均とは言えないが、やはり教育は受ける側の姿勢と与える側の姿勢とが対応することから成り立っているという、極めて平凡なことだが、大事なことを教えている。

一発勝負の入試

受験の目的

大学入学の目的

それでは一発勝負の入試に賭けている高校生はどうなのか。すでに述べたことだが、大学入試のための高校教育という割り切りをする限り、その目的達成という明確なものが、高校教育の受け手の生徒を対応させている。これが、受験勉強、受験教育の弊害と言われているものなのだろう。この場合、受験「勉強」が大学入学の手段となっており、目的達成がなされれば手段である「勉強」、さらに言えば「学ぶ」ことの動機はなくなり、大学へはそれと自覚していないとしても、何か新たな動機を探して入ってくることになるのだろう。それをもっと功利的に言えば、大学を出ないと就職ができないという現実の状況に追従して、大学で「学ぶ」ことが新たな単一目的の手段と化すのではないか。

学生と教師のギャップ

この現実を踏まえないままに、大学の教育が進められるとき、学生と教師の間のギャップは開いたままという事態になる。教員が、大学は「自己責任」が問われる場である、大学の自由を無にすることなく充実した生活をするように学業を励みなさい、と学生に訴えてもタテマエを立てただけで、高校と大学の「壁」を崩し、両者のギャップを埋める作業はほとんどなされていないままだと言わざるをえない。

大学は自由の実験場

大学での「自由」

大学は「何でもあり」と言うことは、それまでの学校教育が持たない大きな「自由」があると言うことである。これが教師にも学生にもあることも述べた。今、学生の持

「勝手気まま」

つ自由は、一つの表現をすれば「勝手気まま」とでも言えば言えるほど、野放図になっ

教師の自由

ている。教師はどうか。「かくも狭く堅いもの」が教師の側にある限り、教師の自由は自己規制なのか、無意識の不自由なのかいずれにしても、際だった非対称を示している。

すでに独断と偏見を免れないとは思うが、大学教師の「秀才性」を指摘した。方向や目的が明確化すれば力が発揮されるが、それが不十分かつ不明確の場合には、力が発揮できないばかりか、方向や目的の明確化に不向きというのが、「秀才性」のメリッ

大学の自己改革における自由

ト、デメリットであろう。そうとすれば、大学の自己改革、教育改革を「自由」に行うよりも、その問題点を言い立てて、現行のあり方を保守する態度をとりがちになる。さらにうがった言い方をすると、教育の煩雑さや自己が評価の対象となることの窮屈さから、大学における「自由」を口実に、安易な教育方法に流れていくという変化を、改革という名の下に作り出す可能性もある。その背後の格好の隠れ蓑が、大学教員の研究体制の確保ということになるだろう。

教員集団のメリットとデメリット

以上のような体質を、いかにも訳知り顔に言うことに批判があることは、わたしも十分承知をしている。しかもこれが教員の全てだと言おうとしているわけでもない。実際に内外の情勢の中から、向かうべき方向が明確になり改革の中身が具体化してくると、教員集団はメリットを発揮し始め、改革は動き出す現実をみている。

六〇年代末の大学紛争期

かつて六〇年代末の大学紛争は、大学の方向性を明確にし改革を求める学生運動によって起こったものであるが、関西学院でも、その方向性と改革の具体的内容が明らかになれば、その後の成果を別にすれば、ある意味で「やりすぎ」といわれるような歩みを遂げた。現在、大学生き残り競争時代といわれ、やはり改革の方向性とその中身が具体化すると、実行は着々と進むというのも、一つの「知的」実行集団のメリットが現れていると言うことができよう。

大学生き残り競争時代

しかし、ここで例として上げたものは、大学の枠組み仕組みの問題であり、個々の教員の教育に対する姿勢や教育方法の模索については、教員の「秀才性」のデメリットが依然として支配しているのが現状であるというのが、わたしの判断である。

大学教員の気風

大学教員は、「秀才性」を帯びている上に、日本人として一人突出することを嫌う横並びの気風が強い。そうなれば、実験的な取り組みや、失敗を恐れない教育姿勢を貫くことを苦手とし、企業における日本型経営の弱点と軌を一にしている。大学に教育方法や講義の姿勢に「自由」があると言っても、それがなかなか具体化しないし、大学が自由の実験場というのに程遠いままということになる。

自由をめぐる学生と教師の齟齬

学生は「自由」というのに程遠い「放埒」を身に付け、教師は「自由」の言葉は言っても、真の「自由」から程遠い既成のものに縛られがちであるという構図は、教育の現場を悲劇的と言うべきか、喜劇的というべきか、笑うに笑えない現実をもたらしている。

この現実を切り抜ける道はやはり、大学は「自由の実験場」であることを改めて確認し、学生の「放埒」とも言うべき実状を、自己を「自由」への道に歩む実験場に置き直し、教師もまた「自由」を実験していくしかないのではないか、これが今言える最低限のメッセージと言うことになるだろう。

「自由」は論じて済むものではなく体得するものでは

自由に関する議論

自由に関する議論は、大学教員のよくするところである。経済学部に属していて時に不思議に思うことがある。教場では人間の自由な経済行動に基づく市場経済の仕組みを教え、自由経済体制を支持し論じているにもかかわらず、教育の論議やカリキュラムを含む教育体制の議論になると、途端に統制的になる傾向にある。国立大学の教員で自由経済派の人が、当の国立大学の自由化には積極的ではないし、途端に歯切れが悪くなる傾向に類似している。わたし自身はその弊を免れているという自信はとてもない。

自由を求めて

西洋における自由に関する論議には長い歴史があり、ある意味で自由は人類が手にしたい究極のものといえる。その意味で自由は、論じて済むものではなく、体得するものであり生きる限り追い求めるものであろう。

選択の自由

大学生になり一人暮らしをする学生は、親元から離れて、時間的空間的さらには社会的な自由を手にする。しかし、一人で生活することは、親元では感じたことがない衣食住を初めとした生活の拘束を自分に強いたことになり、その拘束をこなさなければ、新しい自由は手にすることはできない。自分がどれほど親を始め他者の助けの中で生きてきたかを実感するだろうし、自己が様々な選択を前にして決断を迫られ、自

自己規律

自己責任

己を如何にコントロールするかを求められていることを知るはずである。まさに、自由を手にしようとすれば、自己規律と自己責任が、同時に不可欠になるということである。

甘えと自立

昔から言う「可愛い子には旅をさせよ」とは、子供を自立させる具体的手だてである。しかし、人には甘えがある。日本人を分析して「甘え」をキーワードにする考えもある。甘えが一概に悪いとはいえない。人間の一面であり、コミュニケーションの一つのあり方でもあるからだ。甘えを許してはならないという原則を大上段に振りかざしたとしても、事柄は解決しない。そう言っている本人の甘えの感情はなかなか自覚されないで、他人の甘えをいち早くかぎ分けるというのも、人の本性であろう。

自由と自立のための支援

学生の自立を願うとき、機械的にルールを適用してこと足りるとは行かないのは、自由の何たるかを学ぼうとしている段階で、簡単に甘えを排除してしまえないことがあるからだ。学生は高校の拘束や家庭の拘束から解かれて、ある意味でさまよっている状態であろう。大学が自由と自立の精神によって成り立つという原則はいいとしても、具体化するとき、高校での拘束・管理とは違った形での、ある種の学生への支援が不可欠である。

大学が「自由」であり、「何でもあり」の状況が、ここで生かされるのではないか。学生の前に、大学の必要な単位取得という枠組みの正課授業を中心に、課外のクラブ活動、学外のボランティア活動、バイトその他様々な選択肢が広がっている。

大学における選択肢の拡大

その中で大学は、正課と課外活動を含むキャンパスライフ全般を、学生の前に提示し、学生の実情に応じたニーズを反映しながら組み直し検討して、絶えず再提示していく。個々の大学だけではなく、他の大学や研究・教育機関との連携や、企業やその他の組織といった社会との提携、協力も視野に入れての教育プログラムの組立は当然のこととしてなされる。大衆化大学として、かつての「象牙の塔」からの脱却である。

授業の実験

とりわけ各教員は、大学のこうした枠内で、時には枠をはみ出して、授業の実験を行う自由を許容し合う。学生にとっても、自分に合った授業や講義タイプもあれば、相性の合う教師との出会い、さらには様々なクラスの体験など、多様な選択肢による「大学でやるぞ！」という新しい学ぶ意欲を何としてもかき立てる必要がある。そのためにさまざまな誘導策を講じることが、甘えを加味する大学定着策の一つといえよう。

授業出欠確認

大学では、講義授業は出欠をとらないのが伝統的通例である。しかし、いろいろ工夫をして出欠をとり、成果の判定の一つにすることも積極的に進めて良いのではないか。高校と同じという面もあるが、大学にとけ込む契機の一つにはなる。この点は次項でも触れたい。講義もすでに様々な工夫はなされているが、その自由さは「のびのび」というところまでは行っていないように思える。

二人講師

一九九八年度の授業科目を久しぶりに担当することになり、初めての試みではあったが産業研究所の小西砂千夫教授の協力をえて、二人によるトーク形式で全講義を行った。こうした講義は大学では認められないため、ボランティア講師の協力で可能になったものだ。全てが良かったというつもりはないし、受講生にどれだけ受け入れられたかは判然としないこともあるが、授業の珍しさもあって一人でやるときとは違う緊張感やアピール力は確かだった。私語もなされなかった。これをこれからも続けるというのではないが、講義をする方の教師の新鮮な体験は、教師だけではなく受講者の学生にとっても、「自由」を身に付けるささやかな機会となったと思う。

大学全体の「自由」の共有

こうした実験や試みは個々に密かになされるのではなく、大学全体の「自由」の共有という視点から集められ、積み重ねられ、公開されて、大学が自由を体得する空間となることが切に期待されているのではないか。

学生の自由が、「我が儘」「勝手放題」「放埒」に堕していると批判することは簡単であるが、責任と規律をもった自由に導くことは、容易なことではない。そのことを早々と学び大学に入学してくる学生もいるが、多くは小、中、高と自由を体得することを支援されるというより、甘えによる依存や管理による指示待ち、挙げ句の果てには拘束の縛りのきつさによる自由の欠如という傾向を強めてきた。この中での大学教育、やはりかなりの覚悟を求められているように思われてならない。

大学での教育は共に学ぶことにあるのではないか

教師と学生の関係

職員の存在

自由を体得するための場としての大学は、主人公は教師と学生であるが、しかしその関係は教員同士、教員と学生、学生同士という三つから成り立っている。もう一つ大学の構成員として抜けているのは職員であり、教師と学生と三つどもえの関係があるが、ここでは焦点を学生と教師に絞ることにする。

共に学ぶ

わたしは教師と学生の三つの関係において、いくつかの簡単なことを心得として持っている。その中核には、本論の最初に書いたことであるが、いずれの関係においても権威的、権力的な関係に陥らないと言うことを自分に言い聞かせている。その理由についてはすでに触れたが、こうした関係がたとえ無意識的にでもある場合にしろ、今日の大学教育はうまく機能しないという考えからである。その結果と言うべきか、それぞれの関係が「共に学ぶ」という点で、共通点を持っていると言うことが挙げられる。

教師と学生
―講義において

先ず教師と学生が「共に学ぶ」とはどういう関係か。教師が講義をしているとき、今まで気がつかなかった問題や視点に気付く経験をするとよく言う。これは一方的に講義をしているようであるが、伝えようとする過程で、学び直していることになる。もちろん受講者の質問や受講状態によって、講義内容の咀嚼状況を把握し、教育方法だけではなく講義内容の再検討によって、新たな学びをする。こういう循環を意識しない一方的な講義は、恐らく講義の空回りが起こり、受講者と一体となった講義の方向には向かわないのではないか。

学生同士
—ゼミナールなどにおいて

ゼミナールや調査・実習ということになれば、教師は研究の成果をすでに持っているとはいえ、学生と目線を一つにしてテーマに取り組み、学びを体得していく。この経験は、学生同士の関係において一層鮮やかになる。まさに「共に学ぶ」姿勢をとっている。わたしの経験でも、自主研究会への参加やゼミでの共同研究を真面目にやればやるほど、「学ぶ」ことの面白さを体得することができた。もちろん、「共に学ぶ」ために一人で学ぶことが、準備として当然必要である。この時自分の学びの不足を痛感して、それを起爆力に次の学びに向かうのではあるが。

一人で学ぶ

わたしが一人で学ぶ面白さを経験し始めたのは、小学校の終わりか中学校に入る頃である。学校の勉強とは別に、密かに知りたいことに挑戦していた。そこで「本」の有用性を知り、独自でノートの取り方やカードの作り方を憶えた。テーマは当初、さまざまに変わり、相撲のこともあり漫才・落語の世界があり、やがて演劇の世界へと進んでいった。

学ぶことと「権威」

その時、いわゆる「権威」者と言われている人の問題に気づき始めた。芸能の世界の権威者は、客観性や論理を重んじているようで、意外に主観的であり公平さを欠く姿勢を持っている。日本人独特の横並びの批評やヨイショの態度もかいま見られた。当時の歌舞伎の世界がすでに好事家中心の世界でもあったこともあり、歯に衣を着せない言説は影を潜めていた。その中で、自分の目で対象を見、対象を客観化して論理を重ねることで、独自の見方に達することを学んだのである。それも自分でつかみ取ったのではなくて、先人の中に徹底してそのことを教えてくれる「本」に出会い、後には「人」に出会ったことによっている。

学びにおける謙虚さ

やはり謙虚に学ぶこと、それが「共に学ぶ」ということでもあるのだが、自分を自由にしてくれる秘訣のように思える。教師と学生の関係、特に大学院生との関係において特にそうなのだが、学生が教師を「見くびる」、そうとまで言えないにしても、自分はそんなことは良く知っているという態度を示すとき、それが実力相応ならともかく、強がりや必要以上の背伸びであると思われる場合は、そのことを当人に知らせ「共に学ぶ」姿勢に戻るように説得するのが教師の務めであると心得ている。まだ十分知らないという謙虚さが、学びを押し出す原動力であると信じているからである。学生が卒業間際に「もっと勉強しておけばよかった」という感想を漏らすなら、それも半ば大学教育に成果があったと言えるのではないかと、密かに自己満足も加えて、そう感じている。

教師同士

教師間の関係については、日本的な長幼の序とも言うべき年功序列の感覚が依然として残っている。特に教員審査において、結果的には「上」の教員が「下」の教員を評価するというシステムが、機能的な側面よりも縦秩序の支配を強める傾向を持つ。わたしの心得として、尊敬や敬愛の側面はあるとしても、教員同士はいわゆる恩師や弟子といわれる人が教員集団に居たとしても、機能的な側面が有効に働くように心懸けるべきだと考えている。一言で言うなら、肩書きのない一教師として終生、教師同士も「共に学ぶ」姿勢を持ち続け、そうした形で大学活性化に共に働きたいというのが願いなのである。

「生きる」には豊かなイメージを心に持つことにかかっていると思うのだが

大学は高等学校までの学校や専門学校とどこが違うのか。すでに専門学校の単一目的性や高等学校までの学校の問題は述べてきた。大学も批判に応えられないほどの問題を抱えている。それでも、大学は大学でしかなしえない、見つけることのできない時間と空間を共有している。

人は生まれ親の元で育てられ、そこから巣立って社会の中に自立した生活を送ることが期待され、自分もそうありたいと願っている。すでに述べたように「生きる」ことは、動物的に生命を維持することを言うのではない。「生きる」実感、充実感を味わいたいのである。そうとすれば、自分のこと、他者のこと、社会や自然の世界に起

他者を知り己を知る

こることを自分なりに理解して、自分や他者や世界に対応することを通して、何とか「生きる」ことが可能となるのではないか。ここで理解するとは何なのか。

大学は「理解」を少しでも深め社会に出る最後の門口である。「理解する」こととは何かを最も手短に知る道は、他者を知ることとは何かを考えることだと思われる。自分より他人の性格や欠点をいち早く見つける。それが自分の中にもあることを知るのにはよほどの時間がかかる。子供は全く自分を知らない。しかし他人が居ることを通して子供は、人が何であるかを知り、徐々に自分の何たるかを知ってくる。やがて人と人の関係の中に生き始めると、心を通わす人との関係を自然と身に付け、「共に生きる」共感の世界に入って行くのではないか。

イメージによる共感

「学ぶ」ことは対象を理解し、理解することが対象をイメージすることにつながり、イメージすることが「共感」を呼び起こす。大学はまさに、この連鎖をあらゆる分野であらゆる角度から様々に展開し、繰り返す働きを持っている。こうして「人は人になる」という「生きる」経験を持つのではないか。

イメージは「創造力」と「やさしさ」の源泉

イメージを豊かにすることは「創造力」の源泉であり、人が他者に持つ共感を経た「やさしさ」の源泉でもある。そしてこうした大学のあり方が、学ぶことに習熟するリベラルアーツであり、今日の大学が向かう方向ではないのか。

Ⅳ　ようこそ大学へ——講義はこうして聞いてみては

リベラルアーツ

リベラルアーツの手始め

ここから、いよいよリベラルアーツの具体的内容に入ることになる。ただ、おそるおそる大学論を述べてきたのは、主にここまでであって、教育の具体的内容はここでは、まとめのような形でほんのさわり程度に、特に講義についてだけ述べることにする。その前に、リベラルアーツについてまとめておこう。

わたしの理解ではリベラルアーツは、教育が目指している方向とその内容からなっていると思う。これまでリベラルアーツという言葉だけは使ってきたが、定義めいたことはすこしずつ触れるにとどめてきた。アングロサクソン社会、特にアメリカにおける近代社会の形成とともに成立したリベラルアーツは、それなりの定義がある。ただここでリベラルアーツと呼んでいるのは、第二次大戦後、日本に導入された新制大学が始まり、やがて大衆化大学において、理念としてこう呼ぶのがふさわしいと思えるものである。

新制大学の理念と方法

リベラルアーツは、特にアメリカによる戦後改革の一環として、旧制大学を改革する理念と方法として日本に持ち込まれたものと言える。義務教育を小学校六年から新制中学校三年の合計九年制とし、旧制中学校五年制は新制高校三年制に移った。旧制高校（あるいは大学予科）についてはその教養教育を解体し、新制四年制大学前半二年の教養課程に姿を変え、後半二年を専門課程として旧制の大学を移行させることにした。この「教養課程」こそ、日本の大学で全面的に導入されたリベラルアーツということになる。

教養と専門

「教養課程」のリベラルアーツと、主にドイツの大学をモデルにした旧制大学を引き継ぐ後半の「専門課程」が、木を竹に接いだように組み合わさったわけである。このことが、特に旧制大学で教育を受けて新制大学の教員となった人々にとって、戦後大学教育を理解することに大きな混乱をもたらすとともに、大学の大衆化を前に積極的な手を打つことに遅れを見せたことは既に触れた。

大学での「教養」とは

ここで一言、旧制大学以来の「教養」についての歴史的流れに触れておく。

日本の旧制高校では、寮生活という共同生活の中で高い教養を積むという形をとった。そこでの教養は、主にドイツでの教養主義の流れに大きく傾きながら、まさにエリート養成の「教養」であった。ヨーロッパ中世における、ラテン語共通世界の大学

中世の大学

以来の「教養」を、日本に持ち込んだものでもある。その一方で、新大陸アメリカはデモクラシーを理念に近代社会を形作り、大学は旧大陸の伝統を受け継ぎながら、近代社会である市民社会の担い手を、新たなカレッジ（大学）を通して作り出そうとした。そこでの「教養」は、市民社会における人づくりの教育の中心に置かれるものであり、後にアメリカでの大衆化大学の中心に据えられたものである。

アメリカのカレッジ

関西学院が一九一二（明治四十五）年に高等学部を創設し、高等教育をスタートさせた時のモデルは、その後の歩みを見ると日本的な専門学校教育に変質するが、アメリカのリベラルアーツであるカレッジだった。

戦後社会とリベラルアーツ

市民社会という言葉は、日本で定着しているかと問えば、学問的な用語としては定着していると言えても、具体的な日常生活では、もう一つ実感はない。それでも社会生活の基礎に、経済、政治、行政、芸術、科学・技術、その他の諸文化活動を考えるとき、社会の一員としてそれらの活動に参加し社会に貢献し、社会から利益を受けて生活するためには、一人ひとりの能力を開発する教育を抜いて考えられない。近代社会は全てに最低限の教育を保障することから始まっている。それが義務教育である。義務教育を継続して大学教育まで積み重ねるのが、近代社会における教育の仕組みであろう。そうであれば、日本の現代社会を近代社会と呼ぶか、市民社会と呼ぶかといったこととは別に、義務教育からはじめる「読み書き算盤」が、リベラルアーツのスタートである。

人文科学
社会科学
自然科学

「読む」「書く」「聞く」「語る・述べる」「論じる」「まとめる」

小中高の教科は、大学の人文科学、社会科学、自然科学の個別分野に分かれて、具体的に展開される。社会に出る前に個々人の社会参加を目指して、あらゆる能力を開発するために、さまざまに動機付けられ試みられる場が大学である。

ある人が就職する場合、何が一番求められるだろうか。コンピュータ能力だとか、何かの資格を思い浮かべるかも知れないが、そんなことよりもっと大切なことがある。

コミュニケーションの熟練

上手下手はあるとしても、少なくともコミュニケーションがはかれることである。そんなことは誰でもできるというなら、こんな質問をしてみよう。

ゼミナールで一定時間を決めてある発表を求めて、及第点をとることができるゼミ生が何人いるか思い浮かべてほしい。あれほど、教室でも私語をし続けている学生も小さな声でとぎれとぎれ、時には書いたものの棒読み、予定時間を持て余して早く終わるというのが精々だろう。その中で見事な発表をすれば、誰もが聞き入り、その実力を認める。もちろん内容のない話をいくら見事に話しても、それはそれで評価できるだろう。

「話す」こと

「聞く」こと

「書く」こと

「読む」こと

言語能力

学校教育のめざすもの

ことほど左様に、「話す」ことには訓練がいるし、その人の能力をかなり推測することができる。就職試験に「面接」が最も重視されている根拠でもある。

人は気晴らしに無駄話をする。これも大切である。無駄話もできないと言うことは、どこかに問題があるのだろう。しかし、あることをテーマに筋道を立てて話す能力は、勝手気儘に話すのではなく、論理的に事柄をまとめ、自己抑制を必要としており、社会生活で求められる不可欠な能力である。話すためには「聞く」能力を必要としている。話したことを「書く」ように求められればそうしなければならない。また話すためにはメモを取ったり、話すべきことを書いたりレジュメをつくることも必要である。もちろん「読む」能力も必要である。

これらは大きくは人の「言語能力」ということだろう。その中心にあるのは日本語であるが、英語を初めとする外国語、さらには数学もある種の言語ということができる。音楽、絵画デザインといった芸術も、言語ではないにしても重要な表現形式ではある。こんな能力をどうして身に付けるのだろうか。

ここまで来れば、学校教育を目指しているものは究極的にはここにあり、大学はその過程でたどり着くところだということが理解されるだろう。これらが学校教育によってしか実現されないわけではない。現に、学校教育にはよらないで、これらを身に付ける人がいる。建築家の安藤忠雄氏は、高校卒業後ほぼ独学しながら世界を放浪し、大阪の町中で建築家を夢見、若い日を過ごして、東大の教授になるという知的到達度を得た。しかし普通は大学が、最も手近でしかも一人で苦闘するというリスクを避けて、これらの能力を備える場である。

コミュニケーションと自信

先に「話す」ことについて具体的に述べたが、大きな声で的確に表現できる土台には、恐れず自己を表出して話すことができるある程度の「自信」が不可欠であろう。話す度胸や音声や発音といった個性も無視できないが、話すことの訓練による自信と、話す内容についての自信が必要なのである。

大学教育の成果

大学で、どこまで教育成果が上がったかは、その意味では本人が一番良く評価ができるはずである。こんな自覚のないままなら、成果はそれなりであり、残念な結果に終わっても仕方がないことだと言わざるをえない。教師としてのわたしが、学生に出会い、教育成果が見られる時、それが大学入学以前から持っていたものだとしても頼もしく思うし、将来の活躍を期待する。そうでない場合には、何とか社会に出る前に、成果が上がってほしいと願うのが常である。

講義がおもしろくない——「おもしろい」ってどういうこと？

講義への苦情

大学教育の中心にある講義についての苦情はつきない。この責任の大半は教師が負うべきものであることは、すでに述べた。しかし、ここで問題を提起したい。

吉本タレントの面白さ

わたしはここ七、八年間の間に、いま人気真っ盛りの吉本のタレントに、講義のゲストスピーカーとしておいでいただいた。一人は、経済学部オープンカレッジ・コースの一期生として在学し終了した落語家月亭八方氏であり、一人は、参議院議員から大阪府知事に再選された直後の横山ノック氏である。彼らは、いずれも大学の講義科目の一講時を一人でわたしに代わって講義をしてくれた。

八方氏は「社会科学入門」の二回目に、特に新入生に対して「大学はいいとこだっせ」という呼びかけを、自分の受講を通して、実に的確に話してくれた。話術が開花し、しかも大学で自分が経験した学ぶ楽しさ大切さを、笑いの中に終始受講者を飽きさせないで一講時が終わった。私語なく眠りなく、目の覚めるひとときだった。

ノック氏については、「財政学」の講義の中で、地方財政の窮迫と改革の状況について、大阪府を通して話してもらった。要所要所に笑いをはさんではあったが、終始用意した原稿を読む形で地味な講義に終わった。それなりに普段とは違う期待と緊張があったが、大笑いの連続だったわけではない。

この経験はわたしにも、受講生である学生諸君にも、あることを教えてくれたと思う。タレントが持っている話術の巧みさの「おもしろさ」は、やはりプロの力である。その内容も自家薬籠中のもので、とりわけ自分の経験に根ざしたことは、猛烈なアピール力を持つ。しかしノック知事が講義しようとする財政については、内容の伝達はかなり困難だということである。

わたしはノック知事の話術には全く対抗力を持たないが、財政学に関する限り、同じ内容であっても、もう少し理解可能の形で講義できるという、妙な自信を持った。またこう言ったとしても、ノック知事に失礼ではないと思う。

講義に対する姿勢

講義が面白くないというとき、もしタレントが持つ面白さを言うのであれば、それは寄席にでも行ってもらう他はない。自分がその場に十分に参加する姿勢を持っていなくて、相手から揺さぶってもらって他動的な「面白さ」があるなどと言うのは、この世に「面白さ」を求めている姿勢ではない。そんなことでは、何事によらずいつまでも面白くないはずである。笑いを呼ぶタレントの芸を見るにしても、それを楽しもうという姿勢がなければ面白くもおかしくもない。落語家もよく言うことであるが、面白さは舞台と観客の共同作業だというのは、決して観客をおだてる言葉ではなく事実だと思う。

なぜ講義にでるのか

講義に参加することは教室に座ることか

講義をする過程で、いろいろの形で出席状況を把握し、その記録に基づいて筆記試験の採点をしていて、いつも不思議な答案に出会う。おおむね出席状態は、解答の的確性とほぼ相関している。ところが、時々ほとんど出席しているのに、全く解答がいい加減か的はずれのものがある。

講義をしていても、あらぬ方を見ていたり、隙あらば私語しようとしていたり、始めから終わりまで寝ている人もいる。そんなことなら教室に座っていないで、自分のしたいことをすればいいのにと思うことしばしばである。講義は教室に入っておればよい、少なくとも出席点は稼ごうとでも思っているのかとか、自分のとっている授業に出席していなかったら、精神的安定を欠くとでも思っているのかとか、いろいろ推測しても、結局のところなぜ出席しているのかよくわからない。

時には「出席点は加味されませんか」「あれだけ出席したのに欠点ですか」という声も聞く。さすがに、答案の内容に自信がなければ、声高には言わないにしろ、出席さえすればいいといった、何か講義を聴く姿勢に思い違いがあると思わざるをえない。

講義出席と試験の結果

全く講義に出ていないで、出席していた人のていねいな講義ノートを借りて、当の出席していた人より、高得点を獲得する場合が時にある。それはそれで評価できる。講義に出ないでノートだけで、かなりの理解力を示したという点で、その人の能力の高さを示しているからである。

実のところ、出席した人だけが解答できる皮肉な出題は考えることができる。あるいは、出席したかしていないかで差がつく解答を求めることも不可能ではない。しかし、わたしの経験からすると、そのような出題は本筋のテーマからどうしても外れがちになり、あまり良い問題とは言えない場合が多い。結局のところ、講義全体を一発勝負のテストだけではなく、普段の受講と理解力を促進し、その程度を判断する小テストやリポート提出を求めることが、必要になる。これが出席点の内容であるというのが、今のところわたしの判断である。

講義を聴くメリット

それでは講義を聴くメリットは何なのか。これがわかっている人は、残念ながら多数派ではないように思える。はなから講義など聴く気がないという学生も、残念ながら少数派とは言えないところに、今日の大学の病理が現れている。本当のところ、講義をしている教師も、誰もが講義を聴くメリットを絶えずアピールしているかとなると、やや疑わしい。

「試験さえできれば、講義に出たくなければ出なくても良い」とか、「結局、テストの出来だから、独自に学べればそれでよい」といったメッセージを送ってはいないか。

こんな講義する側のメッセージは、確実に大学の教室を空洞化させていっているに違いない。

「わかる」と「わからない」——講義を聞くメリット

講義の面白さ

わたしが、講義の面白さが本当にわかったと思ったのは、三年生の時である。今から思うと、一、二年生の講義にも興味深かったはずだが、それを知るにはまだ時間がかかったということである。一つの例を上げて見よう。

当時、商学部に池内教授という方がいた。第二教授研究館の池内記念館、あの池内教授である。「経営経済学」の講義を担当し、教授は決して「経営学」とはいわず、経営という現象も経済学的に解明することが必要であって、自分の講義は「経済学」の一環であることを譲らなかった方である。その意味で、「池内先生は商学部より経済学部の方が好きらしい」という学生間の噂も聞いた。

講義の熱気

既に六十歳を超えていたにもかかわらず、講義は実に熱のこもったものだった。大声ではないが、言葉をかみ砕いて難しい用語をできるだけ避け、平易を旨に淡々と進んでいくのだが、聞いていると、その論理の展開に思わず引き込まれ、講義をしているものが聴くものと一体になって、一種の熱気をはらむとでも言うのがピッタリであった。いわゆる説得されていくプロセスなのであろう。

内容はそれ程多くはない。ある程度、講義が進んでいくと、教授の言おうとすることが読みとれてきて、池内経営学の論理構造がこちらにもインプットされてくる。まさに講義の醍醐味ではないかと思わされた。もちろん講義を聞きながら、ノートもとる。当時はコピーもない時代で、鉛筆か万年筆を使い、ボールペンもなかったと思う。うまくノートが取れない箇所は友人に教えてもらったりして、ノートを作ったものだ。

ノートをとる

昔はこうして講義を聞きよく勉強したものだと言おうとするのではない。これは、恐らく今も同じだと思う。講義をする側になって、「聞いてもらっているなあ」と思わされる時がある。本当はあらゆる講義時間が、池内教授のように手応えのある状態を続けたいと願っているが、やはり無理だと半ばあきらめている。池内教授にはできたかも知れないが、自分にはできないと考えるのではなく、自分は自分の持ち味の中で精一杯のことをし、工夫を重ねていくしかないと考えている。

講義の手応え

どんな時に「聞いてもらっている」と捉えるのかというのも、人前で話して目をあげ聴衆を見ることができる経験をした人なら分かることだが、ほとんどの聞き手が顔をあげ、話し手に向き合っており、時には視線が合うことすら起こるという状態だといえる。従って、教室と受講生が極端にアンバランスで、受講生が疎らにしか居ないとか、聞き耳持たないとばかり、私語が行き交っている状態は、ほとんど講義は成立していない。

「わかる」「わからない」の分かれ目

講義が「わかる」「わからない」の分かれ目がある。恐らくほとんどの人には「わからない」講義はあるかも知れない。そのことには検討するべき大きな問題がある

Q&Aの繰り返し

が、ここではわかってもらおうと努力し、工夫されているという前提で考えたい。講義のスタイルは大体、テーマの問いかけという問題の提起に始まり、そのひとまずの解答というQ&Aを繰り返すことにある。受講者はこのある種のQ&Aゲームに参加しいろいろ考えながら、問い答えを理解する。その時、「なるほど、わかった」「こんな場合はどうなのだろう」「何かよくわからないなあ」といった反応があり、それを繰り返し積み重ねる。このプロセスが話し手と聞き手に共有されるかどうかが、「わかる」と「わからない」の分かれ目と思う。

質問

当然、講義内容に対する理解による共感もあるが、考えがうまく合わないこともある。他の講義や論議と違うこともある。質問が出てくるはずである。しかし、講義の最中に質問がなされることはほとんどない。これが日本流講義スタイルの典型である。

双方向の講義

アメリカで講義を聴講した光景は、テレビで見るアメリカでの小中学生の場合も同じのようであるが、質問があれば聞き手は静かに手を挙げる。話し手はすかさず聞き手に質問事項を聞くというものである。やはり講義が一方的ではなく、双方的にやりとりすることを原則とすることを、小学生から習慣づける必要がある。

合う講義合わない講義

自分に合う合わない

講義だけではなく、教育全般において心得ておくべきことは、教師の力量や能力とも直接的に関係のない、学生にとって「合う、合わない」という問題があることだ。簡単に言えば、教師が全ての学生・生徒を満足させることはできないということである。しかし、これはなかなかやっかいな問題をはらんでいる。特に、状況が個別の教師と学生の関係を通じて、講義が分かる分からない、あるいは教師の考え方に著しく違和感のあるなどが問題になる時、下手をすると当の教師も学生も、人格的な葛藤にまで及んで深刻な事態になることがある。

講義における信頼関係

これまで、教育をなるべく人格的な問題を絡めないで論じてきた。しかし、教育の土台に、教え手と教えられる人に人格関係がある。従って、双方に信頼がない状態で、機械的に講義が成立するとは思えない。さらに、教師の思考回路や人間としての特徴が、講義においてもある偏りを持つことはどうしても避けられない。そうであれば、教師と学生の間の信頼関係とも絡んで、特定の学生と教師の間に「合う、合わない」という状態も避けられない。

さまざまな講義との出会い

それならどうすればよいのか。まさにここに講義に出るメリットが如実に示される。大学には、関西学院だけでも三百人の教師が講義をしており、非常勤の講師による講義を含めるとその倍にも及ぶ話し手の異なる講義が毎年なされている。その中で、できるだけ多くの教師による講義に出席し、自分に「合う、合わない」ということを経験することである。そうすれば、聞き手の自分がどういう考え方に共鳴するのか、どういう思考回路が自分に合うのかも徐々に分かってくる。このような経過は学生にとっても、これから出ようとしている社会における生き方、考え方がつくり出されるもととなるはずである。

ここまで述べると、単位は採ったが講義に出ないで人のノートだけで試験を受ける人が、講義を受けるメリットをほとんど手にしていないことがわかるだろう。

論文試験の功罪――それでも試験は実力養成の場

試験の意味

講義が終われば、いよいよ最終筆記試験ということになる。これはこれで述べるべきさまざまな側面があるが、ただ一つ「あんな一回限りの試験にどんな意味があるのか」という点について述べておきたい。

採点の客観性

高等学校までに、用紙を一枚渡されて、自由に論じるという試験はほとんどない。大学も近年さまざまな形式を採るようになっているが、基本はやはり論述試験と言うことだろう。論述試験の採点については、採点者の偏りは免れない。入学試験に論述問題を出題する場合には、その意味で、複数の採点者による平均点を求めることが不可欠になる。ただ、どれほど偏りがあるにしろ、「優」における素点の相違や、「優」と「良」の境界の相違と言ったものはあるだろうが、ある人が「優」ある人が「可」といった相違はよほどのことがない限り考えられない。それぐらい教師側には共通的な理解があると思っている。

繰り返しによる訓練

論述試験は新入生にとってかなり緊張を強いる。それでも文章にまとめ、時間内に結論を書かなければならない。時には、それまで文章をあまり書いたことのない人は、文章の一文一文が繋がらず、まとまった文章になっていない場合がある。このような経験を、在学四年として、セメスターで八回は少なくとも繰り返す。このことは必ずしも軽いことではない。

繰り返しによる訓練は、一つのことを会得する鍵である。人はこのことがわかっていても訓練による繰り返しのしんどさに、訓練から身をそらす。その意味から、論述試験を繰り返すことは、文章力の訓練になると言いたい。従って、論述試験に関する各個人が受け取った評価について、個々の単位とは別に、全体的傾向はある種の成果なり、実力水準を示していると考えている。

文章力

問題について適切な解答を持っていて、それを文章にまとめられると言うことは、さまざまな思考回路を通じて、「考える」力が身についているということである。よく言うことは、複数の者がある問題に同一の模範解答を付けて試験準備をし、たまた

身に付いている「考える」力

ま山が当たってその問題が出題されたが、評価は同じではないことが起こる。これは採点者に問題があると言うかも知れない。しかし解答者がよく理解し十分採点者に伝わるように書いた答案と、あまり理解しないで棒暗記の答案は見破ることができる。たとえば、論理をたどっていけば、接続詞一つとっても、適切なものとどう考えてもおかしいものとの見分けはつく。

試験の結果と自己採点能力

論述試験への構え

論述は社会に出ればさまざまな形で求められる。まず最初に、就職に際して論述テストを必ず課している場合がある。そのために、すでに触れたように別勉をすることが多い。ただ論述の訓練として普段にするべきこととして、論述試験についての構えについて、日頃次のようなことをよく話している。

自己採点

自己採点能力

講義に出席し、これまでに述べた講義を受ける姿勢をとり、試験に臨んだ結果が評価として応答される。問題はこのプロセスの中で、受講態度と試験準備についての状況を一番よく知っているのは受験者本人である。試験の結果に対する予想は、ある程度わかるはずである。これを「自己採点」というとすると、結果として知らされた評価が本人の自己採点と大きく違わないなら、その人には「自己採点能力」が備わっているということができる。この自己採点能力がどの程度であるかが、論述の力を自分で知る方法ではないかと。

自己採点と受け取った評価のずれがそれ程ないと言うことなら、次はその評価を上げることを目指せばよい。既にかなり高い評価を得ているなら、自信を持てばよいということになるだろう。たとえ個別の科目について、自己採点と評価が低いところでずれがないと言うことでも、悲観することはない。自己採点能力があるのだから、低い結果の原因も理解できているはずである。高めたいと思えばそのようにつとめればよいわけだ。

自分の評価の結果だけに関心があり、このような自己採点能力に無関心であるというのは、論述試験を受ける構えとしては成果が上がるものではない。もし自己採点と評価の差違がどうしても納得のいかない場合は、採点者の教師に納得のいく説明を求め、自己採点の力をつけることが、社会の場で説得力をどのように獲得していくかの一つの重要なポイントになるだろう。

論述能力の引き上げ

辛抱のしどころ

わたしは、かつて歌舞伎や文楽に心をひかれ、観劇にうつつを抜かした若い時代のあったことを述べた。その時は、同じ芝居を何度も見るということもあったが、それ以上にさまざまな舞台を毎月、できるだけ多く見ることを楽しんだ。しかし、多く観たからといって、満足がいき充実していたわけではない。むしろ多くの場合、不満と徒労に終わったと言える。

感情と思考

それではなぜ舞台を観たのか。それは、多くはないが身震いするほどの感激が起こることを期待していたからである。予想できる場合もあるが、全く予想もしない舞台から起こることもある。そのためには、出来るだけ多くさまざまな舞台を観る必要があったのだ。不満の残る舞台についても、何が不満であるかを観劇後、検討し分析し「考える」ことが、大きな感激を起こす舞台の条件を「考える」ことに繋がる。

感激を考える

もちろん舞台を観るということは、全身を集中し思考すらも主体的な形では停止させて、舞台の進行に身を任せることである。ところが、終わった後の感激を検討することは、「考える」という知的作業を行うことである。この知的作業を行う自分と感激するという全身的、全人格的な自分をうまく捉えていくためには、面白くもない舞台、不満足な舞台も、数多く観る他ないのである。これをわたしは、舞台による感激の楽しみと知的楽しみを手に入れるための「辛抱のしどころ」と覚悟したのだ。

感激の楽しみ

知的楽しみ

スポーツの醍醐味

クラブのスポーツに醍醐味を感じ、そのスポーツについての知的な作業を続け、自己を本当に楽しませ喜ばせるには、やはりこの「辛抱のしどころ」にとどまるだろう。

講義を聴く
―「辛抱のしどころ」

講義においても同様である。教室という場にとどまり、講義という教育を楽しみ喜ぶには、やはり「辛抱のしどころ」、そこに立ち止まるしかないだろう。

Ⅴ　補遺

①　リベラルアーツ再説

三年前に出版したときより、大学人の「リベラルアーツ」についての理解は、急速に進んだと思う。ただ、そうした感想を持たない大学人は、現代の大学の動きに鈍感で、旧態然を望んでいるのではないかという、リトマス試験紙になると言うのが、率直な感想である。

本文ではⅣのはじめのところに、あれこれ書いているが、これでも十分理解できないという感想が学生諸君の反応にかなり見られる。そこでキーワードをいくつか書いてみたい。

○小、中学生、さらに高校生での学校教科に導入された**総合学習**。

○大学生が卒業して就職する際に求められている**自己判断やプレゼンテーション能力**。

○経済学部で一年から訓練しようとしているディベート能力。
○マルティプル・チョイスの解答ではなくではなく論文解答、卒業論文作成、リポート提出、レジュメに基づく口頭発表とそれに伴う質疑応答。

その他にもまだあるだろうが、これらのキーワードは、本文でかなり触れられている。大学で学ぶということが、「知識」の集積だと思っている向きには、本文をよく読んでいただきたい。

もちろん、小、中、高の各学校での教科に続いて、大学でも知識を積み上げていくには違いないが、とりわけ大学は自分を知り、自分をとりまく社会を知り、やがてその社会に参加していくための教育の総仕上げを目指している。それがリベラルアーツなのである。本文でも「読み書き算盤」の締めくくりにあるものだとも書いた。

大学とは何かが分からないことから、専門学校の有効性が言われ、何か意味あるように思われていることに対して、本文で少し批判的とも思われる調子で書いた。誤解を解く意味から、改めて大学と専門学校の関係について触れておきたい。

大学の医学部は学部の二年間が教養課程で、残り二年の学部と大学院の二年を加えて四年間が、医師になる専門教育課程である。この四年間が専門学校に当たる。二〇〇四年にスタートする法科大学院（ロースクール）は、どんな学部でもよいから大学の課程をへて、二年ないしは三年の法律家の専門教育を受けるために設けられる。この場合、高校を出て専門教育を受けるのでは不十分で、大学でリベラルアーツの教育を受けるという社会人への準備教育をへて、専門家養成の教育を受けることで、医師や法律家が人間として、社会に貢献できる基礎が出来ると考えているわけである。

関西学院の特殊性は、牧師という専門家を養成することにも現れている。神学部では二年ないし四年の学部でのリベラルアーツ教育を受け、その後、大学院前期課程の専門教育を受けることが求められている。文部科学省が「専門大学院」あるいは「専門職大学院」として位置づけているものである。

二〇〇五年に関西学院が設けようとしている「ビジネススクール」という大学院の目指すところも、大学生が社会に出て、企業をはじめさまざまな組織の中で、必要不可欠であるマネージメント能力を専門的具体的に授けようと言うものである。

ところで、ちまたで一般に言われている「専門学校」というのは、資格を採ったり、専門的な具体的な目標をもった技術教育を授けるところである。これが有効なのは、その狭い目標を達成することであって、社会で広く適応できる総合能力を授けようとしている大学とは、その設けられている根拠が違っている。専門学校での力が本当に発揮できるのは、大学で目指している教育が身に付いていればいるだけ有効になるというものである。先に触れた専門（職）大学院とも同様である。

以上のことから、専門学校とのダブルスクールには、よほどの覚悟を決めておかないと、大学に学ぶ意味と実質を失うことを心得るべきだろう、ということを本論で強調した。

②　アルバイトについての誤解を解く

この大学論を読んだ感想の中で、本文で展開されている学生アルバイト論が、アルバイトのメリットを十分に取り上げていないという批判が多く見られた。この不満の一つが、アルバイトをしないと大学に通えない現実から話が始まっていないというのなら、確かにそのように書かれていない。現実に長引く不況から、親に依存する大学生活が困難な状況がこれまでになく広がっている。この点については、改めて論じないといけないと思う。

問題は、このような状況からではなく、アルバイトによって、大学でもとても得られない人間関係や人間教育、あるいは今までにない社会教育を受けたという、感動にも似た思いを書いており、そのことに共感を持てない筆者に対して抗議がなされていることである。このような感想を持つことを責める気持ちはない。しかし、違和感のあるのが率直なわたしの感想でもある。

大学に入学するまで、あるいは入学後の大学生活で、今までアルバイトで得たような充実感、あるいは何かを得ているという実感がなかったのかという疑問である。そうであるなら止むを得ないが、これまで経験しなかったのは、少々残念なことと思える。

アルバイトによって生活の充実感をえることはその通りである。本文にも書いたが、アルバイトもフリーターというあり方を見れば分かるように、一つの経済活動であり、決して教育ではない。今は、大学だけではなく、高校などでもインターン実習ということで企業や組織の現場で学ぶ授業が必要といわれている。しかし、これは経済活動ではなく、カリキュラムの一貫としての教育活動である。その違いは、似ているようで違っている。

今、児童や生徒、学生が学校だけではなく、社会におかれている環境についてよほど意識していない限り、現代社会のよくも悪くも住み心地、それは現代文明の便利さと社会活動の片寄りとも言えるが、そうしたものにがんじがらめになっている。極端なことを言えば、人間関係が希薄であっても生きていける。今は極端な人間の状況をも可能にする物質社会なのである。アルバイトが人生の感動の場であっても不思議ではないが、自分をアルバイトに向かわせている目的が何であるか、いつもしっかりと確かめておいて欲しいという願いが、本文のアルバイトについて書いている背景である。

③　授業評価について

関西学院では、二〇〇二年度から、授業全般にわたって受講生による授業評価が始まった。これまで大学総合教育研究室での授業評価がかなりの広がりで行われていたが、自由意思に基づいていた。今年からは義務として始まった。

正直にいって、始まってその結果を見るのは、決して心地よいものではない。しかし、当然と思える意見なり結果を見る限り、教師としても予想を裏切るものではない。わたしが大学論を書き、新入生へのメッセージを送り、それの応答としてのリポート提出も、考えてみれば、授業評価の一貫とも思える。授業評価は無記名でなされるので、無責任と言える評価もある。代表的なものとして、ほとんど授業にも出ないで、たまたま評価の時間に出席し、アンケートに答えるなどというのは、その典型である。しかし、今の大学の教師は、そんな評価は折り込み済みだとも言え、ある程度の片寄りは予想の範囲である。

授業をしていて、申し訳ないと思うことは、授業態度の悪い学生に引きずられて、本当に勉強しようとしている学生の意欲を殺いでいるのではないかという自責の念からである。

今年の二年、三年生のゼミ授業アンケートの中で、わたしがやかましく言わない授業の出席について、かなりのゼミ生が、教師はもっときつくゼミの出席を指導して欲しいというものがあった。二年の秋学期から始まったゼミで、これまでにないことであったが、大学祭の終わった直後のゼミ授業で担当の発表者が一人も来ないで、授業が成り立たないことがあった。また、ディベートの役割を果たす日に、何人かが抜けて、変則のディベートになったり、ディベートの途中で現れて、途中参加ということもあった。

わたしは、基本的には、このようなゼミ生の授業出席に関わること、授業の責任分担をになうことについては、一度はそのルールを言うものの、内心は面白くなくても、極力忍耐して黙っている。恐らく、わたしのいらだちに気が付いているゼミ生もいるはずである。アンケートはこのようなゼミ生のあり方が、わたしのだらしなさと映っているのかも知れないし、わたしの心を見抜いて代わって言ってくれたのかも知れない。

このような学生の姿勢を糾弾し、姿勢を正せと言うことによる効果は、本人にとって最終的な教育効果を生まないというのが、今のわたしの姿勢である。昔から「馬や牛やあるまいし」といわれてきたことは、精神年齢としての遅れがあると言われる現代でも、変わらないと思っている。ただし、一切黙っているいるわけではない。時にかなって警告を発することには努めている。

授業評価が全面的に行われることで、教師が受難時代に入ったという感想があるとすれば、大学がこれまでいかに無内容な教師の楽園だったかうかがわせるものである。この年度末に行われた学生による授業評価は、同時に学生自身による大学での受講態度の評価局面でもあることを知らせてくれた。

今は授業評価については、わたしが大学論を書こうとしたことを検証する場であると考えて、その成果を見守りたいと思っている。

あとがき

関西学院大学出版会は、元気な若手教員による産みの苦しみの時期をへて、昨九九年六月、理事長の責任をわたしにということになった。応援団の役割でよいと思っていたのが、突然のグラウンドでプレイするという思わぬ事態である。

夏休みの八月一二、一三の両日、千刈セミナーハウスに編集委員有志が泊まって、今後の出版計画を論議した。その際、新しい計画として浮上したのが、「K・G・りぶれっと」と名付けたブックレットの発刊である。その手始めとして、何となく執筆せざるをえないと言う空気のなかで、かねてから頭にあって何か形にと思っていたものから、今回のテーマを選んだ。それは同時に、二〇〇〇年度春学期に経済学部で久しぶりに講義をする、新入生対象の「社会科学入門」副読本としても考えたものである。

夏休み明けには、ほぼ書き上がったと同じ内容の項目が決まった。それでもなかなか進まず、初めて最初の部分を編集担当者に見せ、おだてられながらようやく三月に書き上がった。今回の企画がなければ、恐らくまだまだ印刷物にはならなかっただろうと思う。

かねてから大学に籍をおき、心地よさと心地悪さを混在させていた。今回、一気に吐き出したという感がある。その意味で中身は、「意が余って言葉足らず」になっている部分も多い。大いに「叩いて」いただきたい。

むしろ論議が始まることが、最も大事なことで、自分の思いを訴えることはそれ程大切なことではない、そう思っている。

第〇号として「K・G・りぶれっと」の見本になりえたか。少なくともテーマはふさわしいとは思う。こんなものなら自分も書けるという刺激となれば、このブックレットのスタートとしては、責任を果たせたのではと、勝手に思いこんでいる。

最後にブックレット発刊に尽力してもらった編集担当者である、生協書籍部の谷川恭生、岡見精夫両氏に、心からのお礼を申し上げたい。

二〇〇〇年三月

ブックレット立ち上げから三年、初版が品切れになった段階で「新版　まえがき」に記したいきさつから、題名を改め、「補遺」をつけて、版を改めた。従って本文は誤字脱字を訂正しただけで、旧版のままである。三年前のこのようなものでも、学生のみなさんに読んでほしいという思いは、今は一層強まっている。ご批判をいただけたらと願っている。

なお、今回も編集担当者で出版会の田中直哉氏をわずらわせた。感謝したい。出版会の責任を負うものとして出版会のさらなる発展を期待している。

二〇〇三年三月

山本栄一

著者略歴

山本　栄一（やまもと　えいいち）
1940年　大阪市生まれ
1962年　関西学院大学経済学部卒業
1967年　同大学院博士課程修了
現在　関西学院大学経済学部教授
　　　経済学博士（関西学院大学）

著書　『租税政策の理論』有斐閣、1975年
　　　『都市の財政負担』有斐閣、1989年
共著　『基本財政学（第4版）』有斐閣、2002年他
編著　『日本型税制改革』有斐閣、1987年
　　　『福祉財政論』有斐閣、2002年

K.G.りぶれっと　No.0
大学への招待状
—講義「社会科学入門」での大学論
（『おそるおそるの大学論』増補改題新版）

2000年6月25日初版発行
2003年4月15日増補改題新版 第一刷発行

著者　山本栄一
発行代表者　山本栄一
発行所　関西学院大学出版会
所在地　〒662-0891　兵庫県西宮市上ケ原1-1-155
電　話　0798-53-5233

印　刷　協和印刷株式会社

Printed in Japan by Kwansei Gakuin University Press
ISBN:4-907654-50-2
乱丁・落丁本はお取り替えいたします。
http://www.kwansei.ac.jp/press